# La guía avanzada de inversiones en el mercado de valores

Siga esta guía paso a paso
para principiantes de la compraventa para aprender cómo negociar acciones de micro capitalización, bonos, opciones, divisas y acciones; ¡a convertirse en un operador bursátil Hoy!

Por Elias Vazquez

# Tabla de contenido

Tabla de contenido
Introducción

    Definición de mercados financieros.
    Títulos
    Bonos
    Categorías de bonos
    Opciones financieras
    FOREX
    Indicadores de desempeño
    Impacto en el inversionista promedio

Capítulo 3: Vehículos de Inversión

    Certificados de depósito
    Los fondos de mutuales
    Anualidades
    Portafolios
    Cómo convertirse en inversionista
    Cómo comprar fondos en línea
    Cómo comprar un fondo referenciado
    Plataformas de inversión
    Cómo determinar cuándo comprar
    Cómo determinar cuándo vender

Capítulo 5: El lenguaje de la inversión

    La importancia de la diversificación.
    Retorno anual de inversiones
    Gestión de riesgos

Capítulo 6: Comenzando desde cero: Cómo crecer como los profesionales

    Warren Buffet

- Chris Gardner
- Ken Langone
- Oprah Winfrey
- Andrew Carnegie

Capítulo 7: Gobernanza

- Legislación de corredores de bolsa
- Legislación aplicable a los inversionistas.
- Consideraciones fiscales

Capítulo 8: Cómo ganar el juego del mercado de valores

- Inversión de valor
- Inversión de crecimiento
- Inversión de ingresos
- Inversión pasiva
- Venta corta
- Comprar con margen
- Gestión de la cartera

Conclusión

# Introducción

Felicitaciones por haber comprado "*La Guía avanzada de inversión en el mercado de valores*: *Siga esta guía paso a paso para principiantes de la compraventa para aprender cómo negociar acciones de micro capitalización, bonos, opciones, divisas y acciones; a convertirse en un corredor de bolsa Hoy!*" Se tuvo mucho cuidado al garantizar que la información contenida en este documento no solo sea útil sino relevante.

Las siguientes páginas contienen una gran cantidad de información y consejos aplicables que el individuo promedio puede poner en práctica para convertirse en un comerciante de acciones. Dado que este es un tema bastante extenso, el contenido de cada capítulo se ha reducido a su esencia. Esto significa que no hay relleno; solo lo bueno.

Además, se ha tenido mucho cuidado para garantizar que los conceptos descritos a lo largo de este libro se expliquen en un lenguaje claro y conciso que carece de jerga comercial complicada. Como tal, este libro no se trata de parecer inteligente, ¡se trata de ser inteligente!

Estoy seguro de que ha elegido este libro porque está interesado en descubrir cómo puede ganar más dinero del que gana hoy. ¡Y no hay nada malo en ello! De hecho, encomio su deseo de ganarse una vida mejor y proporcionar una mejor calidad de vida a sus seres queridos.

El objetivo principal de este libro es para ofrecerle una guía llena de información relevante que le permitirá convertirse en un corredor de bolsa y realmente hacer dinero.

Si usted está buscando ejemplos prácticos de cómo funcionan los mercados financieros, entonces has venido al lugar correcto.

Cada capítulo cubre un área fundamental del comercio bursátil.

Primero, analizaremos de cerca la importancia de invertir y cómo puede ganar dinero en los mercados financieros al elegir sabiamente sus inversiones.

A continuación, vamos a tener una discusión en profundidad o los diferentes instrumentos de inversión disponibles para usted. Esto significa que aprenderá cómo funcionan estas inversiones, las dificultades que conlleva y cómo puede ganar dinero.

Seguidamente, analizaremos las operaciones diarias. Este es un capítulo clave, ya que le permitirá tener una buena idea de lo que se necesita para convertirse en un operador bursátil. A través del análisis y la comprensión, podrá determinar y decidir si el comercio diario es para usted.

Si cree que el comercio diario no es lo suyo, también hay dos capítulos basados en estrategias de inversión que puede implementar sin ensuciarse las manos. Estas estrategias están destinadas a poner su dinero a trabajar sin ocupar demasiado tiempo.

Además, analizaremos cómo la legislación y los impuestos pueden desempeñar un papel en su estrategia de inversión. En particular, tendremos una discusión en profundidad sobre cómo las prácticas de inversión imprudentes condujeron a la crisis financiera de 2008.

Finalmente, repasaremos la vida de algunos de los inversionistas más famosos de la historia. Las historias de estas personas están destinadas a inspirarte, pero también a proporcionarte modelos a seguir que puedes emular. Estos no son corredores de bolsa extravagantes como los que se ven en las películas de Hollywood. Estas son personas comunes que lo hicieron grande a través del trabajo duro y la inversión inteligente.

Por lo tanto, ¿qué estás esperando?

¡Entremos y aprendamos cómo convertirnos en un operador de bolsa hoy!

# Capítulo 1: La importancia de invertir

"El dinero no crece en los árboles."

¿Alguna vez has escuchado esa expresión? Estoy seguro de que sí.

Y es verdad.

Sin embargo, el dinero crece, solo que en un sentido diferente.

La mayoría de las personas obtienen dinero a través de sus trabajos. Cuando una persona consigue un trabajo, recibe una compensación por el trabajo que realiza. Cualquiera sea el trabajo que se haga, la persona recibe una suma de dinero a cambio.

Ese dinero se utiliza para adquirir los bienes y servicios necesarios para vivir. Algunas personas logran ahorrar algunas de sus ganancias a fin de mes, algunas llegan a un punto de equilibrio y otras están en un hoyo.

Este ciclo de trabajo por dinero vincula las ganancias de un individuo a su trabajo. Entonces, cuanto más trabajan, más ganan al menos en teoría.

Algunas personas optan por pasar la vida trabajando, pagando sus impuestos y tal vez cobrando una pensión al final de su carrera.

Otras personas optan por gastar todo su dinero y terminar siendo pobres al final de sus vidas productivas.

Otras personas optan por invertir parte de su dinero.

En términos económicos, invertir es el resultado del ahorro. Cuando una persona ahorra dinero, esa cantidad excedente de dinero es elegible para la inversión, ya que la persona realmente no necesita gastar. Si lo hicieran, entonces no lo habrían ahorrado.

A menos que un individuo elija cavar un hoyo en el suelo y enterrar sus ahorros, el dinero tiende a encontrar su camino hacia los inversionistas.

Un ejemplo simple de esto es dejar dinero en el banco.

El dinero que se deposita en una cuenta bancaria llegará a los inversionistas a través de lo que se denomina "préstamos de reserva fraccionaria".

Este concepto indica que el dinero depositado por los clientes en un banco es elegible para ser prestado a otros clientes. Entonces, cuando un cliente acude al banco y solicita un préstamo, el banco puede prestar el dinero depositado por los otros clientes.

Por ley, los bancos están obligados a mantener una fracción de ese dinero en la bóveda para los clientes que desean realizar un retiro. Por lo tanto, los préstamos de reserva fraccionaria significan que los bancos deben conservar una pequeña parte de los depósitos de sus clientes y pueden prestar el resto.

Este es un ejemplo simple de cómo los ahorros se traducen en inversiones.

En general, se necesita inversión para impulsar la economía de un país. Bajo un sistema capitalista, cuanto más dinero circula, más bienes y servicios cambian de manos. Además, cuanto más dinero termine en los bolsillos de las personas.

Es por eso que enterrar sus ahorros en el patio trasero matará cualquier impulso económico.

Como individuo, la inversión representa una oportunidad de hacer que el dinero crezca literalmente.

El tipo de inversión más comúnmente conocido es una cuenta bancaria.

Las cuentas bancarias pagarán una cantidad de dinero llamada "interés" calculada sobre cuánto dinero ha depositado un cliente en ese banco.

Otros tipos comunes de inversiones son los planes 401 (k) o incluso empresas. Estas inversiones usan dinero para ganar más dinero.

Un 401 (k) es esencialmente una cuenta bancaria en la que un empleado le aporta dinero todos los meses. La institución financiera que asegura el 401 (k) tomará ese dinero e invertirá en otras empresas. El dinero que gana la institución financiera es lo que se utiliza para pagar los intereses devengados por ese 401 (k).

Si un individuo elige invertir en un negocio, las ganancias obtenidas de ese negocio también harán crecer el dinero.

Con el tiempo, el dinero invertido puede generar suficientes ingresos hasta el punto de poder financiar el estilo de vida de una persona. Este es el propósito principal de ahorrar para la jubilación. También puede escuchar sobre aquellas personas que se han "retirado temprano".

En esencia, retirarse significa que ya no tiene que trabajar para financiar su estilo de vida. Y esto se puede hacer mediante la inversión.

Ahora, eso nos lleva a lo que se conoce como el mercado de valores.

El mercado de valores, o los mercados financieros, permiten a los inversionistas individuales tomar su dinero y ponerlo a trabajar. La serie de instrumentos y vehículos financieros disponibles para los inversionistas les permite ganar dinero al colocar sus ganancias excedentes en manos de personas que harán uso de ese dinero.

Al invertir en el mercado de valores, los inversionistas no buscan oportunidades comerciales que impliquen la producción de bienes y servicios. Estas son actividades especulativas que se basan en "activos de papel". En otras palabras, no hay objetos tangibles en juego. Más bien, las inversiones realizadas son en la compra y venta de activos que producirán un rendimiento.

Este rendimiento es básicamente la ganancia obtenida de las inversiones en los mercados financieros.

Para aquellas personas que buscan asegurar su futuro, aumentar su patrimonio neto o alcanzar el estilo de vida que siempre han soñado, entonces invertir en los mercados financieros es una forma plausible de lograrlo.

Sin embargo, la inversión en los mercados financieros no es una tarea fácil para los que no saben lo que están haciendo. Para aquellos que lo hacen, pueden navegar por las aguas del sistema y usarlo para su ventaja.

Por supuesto, convertirse en un experto en el comercio en los mercados financieros requiere algo de tiempo y capacitación. Pero con el entrenamiento y la información adecuados, convertirse en un experto es mucho más fácil de lo que parece. Lo importante es tener la voluntad de dedicar el tiempo y el esfuerzo necesarios para aprender.

Los beneficios de invertir son mayores que los riesgos siempre que sepa lo que está haciendo. Esta es la razón por la inversión en el mercado de valores no se recomienda para las personas que no tienen el conocimiento y no están dispuestos a buscar asesoramiento financiero cualificado.

Pero al leer esta guía, podrá tomar su propia estrategia de inversión y maximizar sus posibilidades de lograrlo.

¿Serás el próximo millonario de Wall Street?

¡Quizás!

Y uso la palabra "quizás" porque depende de usted tomar las decisiones correctas basadas en información precisa, un "instinto" fuerte y sentido común.

En el próximo capítulo, veremos más de cerca cómo funcionan los mercados financieros.

# Capítulo 2: Fundamentos del mercado de valores

Las palabras "bolsa de valores" son dos de las palabras más mágicas en el idioma inglés.

Para algunos, el mercado de valores ha sido una fuente de gran riqueza y oportunidad. Para otros, estas palabras han significado dolores de cabeza y estrés.

El hecho es que gran parte del estrés y la ansiedad que conlleva invertir en el mercado de valores proviene de la falta de comprensión de su naturaleza. A menudo, escuchará mucha información y consejos sobre las acciones y otros activos financieros. Sin embargo, los llamados expertos y especialistas en televisión hacen poco para explicar realmente los fundamentos de la inversión.

Invertir en los mercados financieros no tiene que ser estresante, incluso si a veces puede ser doloroso. Con la comprensión correcta de cómo funcionan los mercados financieros, puede comenzar a invertir sabiamente y con éxito. Por eso es necesario sentar las bases.

En este capítulo, cubriremos los conceptos básicos y fundamentales de los mercados financieros. Analizaremos profundamente las definiciones de los conceptos más importantes relacionados con la inversión en los mercados financieros. Además, la información aquí contenida debe considerarse como una guía, una hoja de ruta si lo desea, sobre cómo navegar a través de los diversos vehículos e instrumentos de inversión disponibles para el inversionista promedio.

Es importante tener en cuenta que este capítulo no se trata tanto de proporcionar asesoramiento financiero sobre cuáles son los mejores vehículos de inversión, sino más bien, se trata de tener un enfoque holístico sobre los diversos tipos de activos financieros a disposición del inversionista promedio.

Además, vale la pena señalar que el término "inversionista promedio" se refiere a un individuo normal que está buscando poner parte del efectivo que tanto le costó ganar en acciones, bonos o cualquier otro activo. No estamos considerando a los grandes inversionistas institucionales, como los bancos de inversión de los fondos de cobertura, ya que juegan bajo diferentes reglas y circunstancias.

Como tal, el inversionista promedio es alguien que busca aprovechar las oportunidades que ofrece el mercado y multiplicar sus ahorros en una cantidad mayor que puede servir como ingreso en el futuro. Además, los grandes inversionistas institucionales incursionan en los mercados de derivados. Esto es algo a lo que nos referiremos a lo largo de este libro, pero no abordaremos con demasiados detalles ya que estamos enfocados en despegarlo.

Entonces, abróchate el cinturón. Este capítulo está lleno de conceptos, definiciones y, sobre todo, información procesable que seguramente le abrirá los ojos al reino de las posibilidades disponibles en el mercado de valores. Lo más importante es que podrá formarse su propia opinión informada sobre lo que está disponible para usted como inversionista promedio. ¡De esa manera, puede comenzar a planificar su estrategia de inversión de inmediato!

## Definición de mercados financieros.

El mercado de bursátil, o mercado de valores, es uno de varios mercados diferentes que constituyen una suma mayor conocida como "mercados financieros".

En esencia, los mercados financieros son un lugar (ya sea físico o virtual) donde los prestamistas, inversionistas, prestatarios, y los compradores se reúnen para comprar y vender títulos, valores, derivados, productos básicos (commodities), bonos o activos financieros, como fondos mutuales o fondos negociados en bolsa (ETF).

Echemos un vistazo más de cerca a cada elemento:

- **Títulos (Equities):** Estas son acciones de compañías que cotizan en bolsa que están disponibles en los principales índices como el Dow Jones, Nasdaq y el S&P 500 en los Estados Unidos. También hay otros mercados financieros importantes en todo el mundo en países como Japón, Alemania, España y el Reino Unido.

- **Valores (securities):** son instrumentos de deuda que los prestamistas pueden empaquetar y vender a los inversionistas. Por ejemplo, los bancos pueden empaquetar hipotecas y venderlas a fondos de cobertura que obtienen un retorno de su inversión de los intereses pagados por los prestatarios.

- **Derivados (Derivative):** son instrumentos financieros complejos disponibles principalmente para inversionistas institucionales. Los derivados, como su nombre lo indica, son instrumentos que se "derivan" de un activo subyacente. Estos instrumentos suelen ser de alto riesgo y pueden representar una propuesta de alto riesgo y alta recompensa para los inversionistas.

- **Productos básicos (Commodities):** son inversiones en bienes físicos como petróleo, productos agrícolas, metales preciosos o cualquier otro bien físico producido por las empresas.

- **Fondos mutuales (Mutual funds):** es un conjunto de dinero recaudado por una institución financiera de los inversionistas que luego se utiliza para comprar y vender una cartera de activos financieros. El rendimiento de toda la cartera de inversionistas se distribuye entre el grupo total de inversionistas.

- **Fondos negociados en bolsa (Exchange Traded Funds):** estos fondos son similares a los fondos mutuales con la diferencia de que hay un activo subyacente en el fondo. Por ejemplo, el petróleo puede comercializarse a través de un ETF. Un inversionista puede comprar un ETF de petróleo y obtener un rendimiento de las ganancias en los precios del petróleo.

- **Bonos:** Son instrumentos de deuda emitidos por gobiernos soberanos o corporaciones privadas. El mercado de bonos es el mayor mercado financiero del mundo. Algunos países, como Estados Unidos, permiten a los ciudadanos privados comprar bonos del gobierno, mientras que otros países los venden en los mercados financieros internacionales solo a inversionistas institucionales.

Los instrumentos financieros mencionados anteriormente se denominan "activos en papel", ya que representan inversiones de efectivo en vehículos que no son físicamente tangibles. A excepción de los productos básicos, los activos financieros están esencialmente representados por certificados que son prueba de propiedad. Además, muchas de estas inversiones no están representadas por efectivo en como tal, sino que están representadas por dinero en forma digital.

Los ETF para productos como petróleo, metales preciosos (oro y plata), metales industriales (cobre, estaño, aluminio), productos agrícolas (azúcar, café, maíz, ganado) o productos energéticos (carbón, gas natural) pueden o no venir junto con una asignación física. Lo que esto significa es que si el contrato ETF no especifica que el inversionista va a recibir la entrega física de la mercancía, a continuación, el inversionista sólo recibirá un pago monetario correspondiente a la inversión realizada.

Por el contrario, cuando un contrato de ETF especifica una asignación física, el inversionista puede optar por recibir la entrega física del producto especificado en el contrato. Por lo tanto, el inversionista puede retirar efectivo al recibir sacos de café en lugar de un cheque por el monto monetario indicado en el contrato.

Ahora, pasemos a una definición más profunda de cada instrumento financiero.

## Títulos

Los títulos son los activos financieros más comúnmente conocidos.

Esto es lo que comúnmente se conoce como el "mercado de valores".

En esencia, las acciones son "participaciones" de una empresa que cualquier inversionista puede comprar. Cada participación es una proporción de propiedad de esa compañía específica. Por ejemplo, si una empresa emite 1000 participaciones, el 50% de la propiedad de esa empresa representaría la propiedad de 500 acciones. Por la misma razón, una participación representa la propiedad de esa compañía, aunque en una minúscula proporción.

Cuando se forma una empresa, el derecho corporativo requiere que se "incorpore". Esto significa que la empresa debe convertirse en una entidad legal formal. Esto significa que un negocio habitual de "mamá y papá" no califica, ya que es muy probable que sea un propietario único. Por lo tanto, las pequeñas empresas no entran en esta categoría.

Sin embargo, una cosa sobre las pequeñas empresas: los fondos de cobertura invierten en lo que se llama "títulos privados". Eso significa que compran en compañías que no cotizan en bolsa. Piense en "Shark Tank" cuando considere títulos privados. Estos son emprendedores o empresas de nueva creación que tienen una propuesta de valor significativa en la que los inversionistas quieren entrar en sus primeras etapas para que puedan enriquecerse cuando la empresa crezca.

Por lo tanto, cuando una empresa llega a un punto en el que es lo suficientemente grande como para atraer un interés considerable de inversiones institucionales más grandes, como los fondos de cobertura y los bancos de inversión (también los fondos soberanos pueden poner su sombrero en el ring), la empresa entrará en un proceso llamado su "oferta pública inicial" u OPI.

En el proceso de OPI, todos los propietarios de la compañía, que aún es privada, deciden poner sus participaciones a la venta a cualquiera que decida comprarlas. La valoración de esas acciones depende de la perspectiva de ganancias de la compañía.

Por ejemplo, si la compañía ABC decide "hacer pública ", la empresa debe ser valorada. El valor real en libros de la empresa es irrelevante ya que los inversionistas pagan los dividendos que ganarán por participación. Entonces, si la compañía es altamente rentable, entonces los accionistas, en el momento de la OPI, tendrán un precio inicial por sus participaciones.

Digamos que el precio inicial es de $ 100 por participaciòn. Este precio inicial se prueba en el mercado para medir el interés en ese punto de precio. Si la empresa está al rojo vivo, los inversionistas pueden señalar, de boca en boca, si están dispuestos a pagar tanto o incluso más. También, los inversionistas pueden sentir la valoración es demasiado alta, y que estarían dispuestos a pagar menos.

Luego, un corredor autorizado, generalmente un gran banco de inversión como Merrill Lynch o JP Morgan en los Estados Unidos, "suscribirá" la OPI. En otras palabras, presentarán las acciones de la Compañía ABC al mercado. Esto es como hacer que un intermediario venda las acciones de la empresa a los inversionistas.

Los derivados entran en juego aquí, ya que los suscriptores de OPI deben tener otra institución financiera que asegure la OPI. El seguro tiene que ser incluido en caso de que algo va mal y el negocio se caiga. Por ejemplo, se descubre actividad fraudulenta o un evento de impacto significativo interrumpe las operaciones de la compañía. Como tal, el seguro protege el dinero de los inversionistas que entran en el acuerdo.

Todo el proceso de OPI es supervisado por la Comisión de Bolsa y Valores (SEC) en los Estados Unidos para garantizar que todo el proceso se haya realizado de acuerdo con las regulaciones. Cada país que tenga mercados financieros tendrá su propia agencia reguladora.

Una vez que la IPO esté lista, la compañía ingresará a uno de los mercados financieros disponibles en el mundo. No todas las empresas se comercializan en los Estados Unidos. Las empresas estadounidenses pueden optar por cotizar en mercados internacionales como Londres o Hong Kong. Las empresas de fuera de los Estados Unidos pueden optar por ser incluidas en las bolsas de valores estadounidenses.

Una vez que la OPI se ha hecho pública, las acciones se ponen a la venta. Esto es cuando las casas de bolsa y otras instituciones de inversión pueden optar por recoger las acciones. Aquí es donde los primeros inversionistas hacen mucho dinero.

Supongamos que el capital XYZ financió a la Compañía ABC y les proporcionó capital inicial desde el principio. Invirtieron $ 10,000 a cambio de 100 acciones. Eso equivale a $ 100 por acción. La valuación de IPO de Compañía ABC se cotizaba a $ 1,000 por acción. Cuando Compañía ABC se hizo pública, el capital XYZ recibió $ 1000 por acción cuando originalmente pagó $ 100.

Este ejemplo no es raro pero no frecuente.

El inversionista promedio saltará a la carrera mucho después de la salida a bolsa.

Si bien las acciones de todas las empresas que cotizan en bolsa están técnicamente disponibles para cualquier persona con el efectivo para invertir, no siempre están a la venta.

Por ejemplo, si XYZ Capital posee 100 acciones de Apple, pueden optar por sentarse y no vender. Quizás estén esperando que suba el precio y luego se den la vuelta y los vendan. O bien, la compañía no ha publicado ganancias sólidas y XYZ Capital está esperando que Apple se recupere antes de decidir vender.

Esto lleva al siguiente punto: el precio de las acciones en el mercado abierto se establece por la oferta y la demanda.

En términos económicos, la demanda es impulsada por la cantidad de dinero disponible para invertir. Este dinero proviene de dos principales fuentes: el inversionista promedio, es decir, mamá y el papá que tienen algún dinero extra guardado y le gustaría ponerlo a trabajar, y los inversionistas institucionales.

Los inversionistas institucionales son fondos de cobertura, bancos de inversión o incluso fondos soberanos.

Un fondo de cobertura es un "club" de individuos ricos que colocan su dinero juntos. El fondo de cobertura en sí es una institución financiera que se encarga de administrar el dinero en beneficio de sus miembros. No hace falta decir que los fondos de cobertura tienen sed de ganancias y siempre exigirán mayores utilidades y mayores rendimientos. Además, los fondos de cobertura tienden a ser vaqueros, es decir, asumirán la mayor cantidad de riesgo, siempre y cuando paguen de acuerdo con el riesgo.

Los bancos de inversión son instituciones financieras más tradicionales como Merrill Lynch o JP Morgan en los Estados Unidos, o grandes bancos internacionales como HSBC, Scotiabank, Deutsche Bank, Credit Suisse, por nombrar algunos. Estos no son necesariamente bancos en el sentido tradicional de la palabra, es decir, un banco de ahorro y préstamo, sino que son compañías formales de gestión de patrimonio que se rigen por las regulaciones financieras vigentes del país en el que están incorporadas.

A diferencia de los bancos de inversión, los fondos de cobertura a menudo no caen bajo el mismo paraguas regulatorio. Es por eso que se involucran en actividades de mayor riesgo ya que muchos países, especialmente en Europa, consideran que los fondos de cobertura son empresas privadas. Por lo tanto, no son diferentes a una ferretería. La única diferencia es que no venden martillos. En cambio, venden activos financieros.

Por último, los fondos soberanos son instituciones representadas por países. Estos fondos son generalmente instituciones de propiedad estatal que cuentan con el respaldo oficial de un estado soberano. Por ejemplo, el fondo de riqueza soberana más grande del mundo es China. En consecuencia, se trata de dinero oficial del estado chino que puede invertirse en acciones, productos básicos y otros vehículos financieros. No todos los países tienen estos fondos, y la mayoría de los fondos soberanos no están estrechamente regulados por su país de origen.

El dinero de inversión disponible en un país, región o en todo el mundo competirá por las mejores inversiones. Esta competencia es lo que eleva el precio de las mejores inversiones disponibles. Esta es la razón por la cual los bonos son el mercado financiero más grande, ya que ofrecen un riesgo más bajo y retornos casi garantizados. La única forma en que un bono no puede pagarse es si un país no cumple con su deuda, como en el caso de Argentina o Rusia.

Cuando el dinero de inversión disponible ingresa al mercado, primero se obtienen las mejores inversiones. Pero dado que otros inversionistas buscan poner su dinero a trabajar, podrían estar dispuestos a pagar más por esas mismas inversiones. Esto es lo que aumenta el precio de un bono, acciones o incluso productos básicos.

Además, si una compañía se queda sin fondos y sus ganancias no están a la altura de las expectativas de los inversionistas, los accionistas pueden optar por deshacerse de sus acciones en esa empresa. Esto impulsa el precio hacia abajo ya que los compradores pueden no estar dispuestos a pagar la misma cantidad de dinero por esas acciones. Eso puede significar que los accionistas actuales pueden tener una pérdida o simplemente una ganancia menor.

Consideremos la compañía ABC. Las acciones de la compañía ABC subieron a $ 1000 por acción después de su salida a bolsa. Es una acción tecnológica de última generación, y todos quieren participar. Los inversionistas iniciales que se enriquecieron hicieron un pequeño cambio en la OPI.

Ha llegado el momento de la Compañía ABC para reportar sus ganancias trimestrales. En su informe, la Compañía ABC reportó ganancias superiores a las esperadas. Esto hace que las acciones se disparen, ya que todos quieren una parte del negocio. La acción va de $ 1000 a $ 1100 en cuestión de minutos. En este caso, la demanda de los inversionistas reduce el precio ya que no todos los accionistas deciden vender. Quieren aferrarse a las acciones porque les está yendo muy bien. Entonces, aquellos que deciden vender obtienen mayores ganancias porque hay un número limitado de acciones disponibles. Y los inversionistas se están volviendo locos.

Por el contrario, supongamos que las ganancias de la Compañía ABC fueron más bajas de lo esperado. Esto significa que los accionistas ahora están preocupados por lo que podría pasarle a la compañía. Podrían optar por aguantar, esperando que se recupere en el próximo trimestre.

Otros accionistas podrían pensar que la empresa está en problemas y decidir que quieren salir. Compraron en la Compañía ABC a $ 1000 por acción. Pero debido a que sus ganancias fueron más bajas de lo esperado, los compradores pueden optar por pagar $ 900 por acción. Calculan que comprarán con la esperanza de que la compañía se recupere y obtenga ganancias en el próximo trimestre. Los accionistas que compraron a $ 1000 y venden a $ 900, ahora han recibido un golpe de $ 100 por acción.

Como puede ver, las fuerzas de la oferta y la demanda son las que impulsan el precio de las acciones. Por lo tanto, las empresas deben tener cuidado de no emitir demasiadas acciones o, de lo contrario, el precio de cada acción caerá. Por el contrario, algunas compañías se dedican a lo que se llama " recompras". Esto es cuando una compañía vuelve a comprar sus propias acciones. Como hay menos stock disponible, el precio aumentará ya que los inversionistas intentarán encontrar más acciones, pero tendrán que pagar más por las existentes.

Otro elemento a considerar es la definición de una bolsa de valores.

Como se mencionó anteriormente, hay muchas bolsas de valores en todo el mundo. Pertenecen a países específicos y se rigen por la legislación de su país de origen.

En los Estados Unidos, hay varias bolsas de valores.

- Bolsa de Nueva York (Wall Street)
- Bolsa de Chicago
- Bolsa de valores de Boston
- Bolsa de Miami
- Bolsa de Filadelfia

Cada uno de estos intercambios es un lugar físico donde los comerciantes se reúnen para comprar y vender títulos, productos u otros valores.

La mayoría de las personas a menudo confunden las bolsas de valores con índices como el Dow Jones y el Nasdaq. La diferencia es que el Dow y el Nasdaq no son ubicaciones físicas donde los comerciantes se reúnen para hacer negocios. Son meras medidas estadísticas de una parte del mercado.

Por ejemplo, el Dow Jones mide las 30 principales empresas del mercado. Esta medida rastrea su desempeño y determina la tendencia del mercado. El Nasdaq fue el primer sistema de comercio computarizado que finalmente se convirtió en un índice bursátil. Generalmente rastrea a las compañías "tecnológicas" aunque no es exclusivo de este sector. Otro índice es el S&P 500, que es una medida de las 500 principales compañías que no están incluidas en el Dow Jones.

En este punto, es importante echar un vistazo a los otros activos financieros disponibles para los inversionistas.

## Bonos

El mercado de bonos es quizás el mercado más importante del mundo.

Los bonos son certificados de deuda emitidos por naciones soberanas o corporaciones privadas. Estos instrumentos permiten a las instituciones obtener fondos con la promesa de que devolverán ese dinero, más intereses cuando venza el bono, es decir, cuando se acabe el tiempo.

Hay varios lapsos en los bonos. Van desde 30 días hasta 30 años. Vienen en todas las formas y tamaños, ya que responden a las necesidades de las instituciones que los emiten.

El interés que los bonos pagan a cabo a los compradores se llama "rendimiento". El emisor básicamente establece el rendimiento, a pesar de que varía en función de las fuerzas del mercado. El rendimiento en sí mismo no cambia. Ese es el interés que se paga por él. Por ejemplo, si un bono tiene un valor nominal de $ 100, un cupón del 10%, entonces el 10% se consideraría el rendimiento. Tenga en cuenta que el cupón se calcula sobre el valor nominal del bono.

Si el condado emisor de ese bono es un estado estable y sólido, entonces los inversionistas pueden optar por pagar más del valor nominal de $ 100 para comprar un activo seguro. Supongamos que los inversionistas están dispuestos a pagar $ 110 por el bono de $ 100. Luego, considerando el cupón del 10%, es decir, $ 10 de interés, entonces el rendimiento se calcularía como 10/110 = 0.09 o 9%. Esto significa que el rendimiento ha caído al 9%. La lógica es que cuanto más segura sea la inversión, menor será el rendimiento.

Por otro lado, este país emisor está teniendo problemas económicos y puede no cumplir con sus obligaciones financieras. En otras palabras, corren el riesgo de incumplir o no pagar sus bonos. Entonces, los tenedores de bonos pueden optar por soltar el bono como una papa caliente. Los tenedores de bonos venderán en corto o venderán por menos, y tomarán $ 90 en el bono de valor nominal de $ 100. Esto significa que el rendimiento ha aumentado ya que el cupón sigue siendo del 10%, pero el precio pagado por el bono es menor. Aquí está el cálculo: 10/90 = 0.111 o 11.1%. El rendimiento es ahora del 11% porque la lógica del mercado dicta que cuanto mayor es el riesgo, mayor es el rendimiento.

Los gobiernos soberanos pueden optar por colocar sus bonos en las bolsas de valores de Estados Unidos, o en cualquier otro archivo de intercambio, que considere apropiada. Y al igual que los títulos o acciones, los bonos deben ser suscritos por una institución financiera acreditada si se colocan en los Estados Unidos. En otros países, las leyes de ese país rigen la colocación de bonos.

Los bonos también pueden estar asegurados. Este seguro de bonos entra en el mercado de derivados ya que las aseguradoras están esencialmente apostando a que un país incumplirá o no sus obligaciones de deuda. Si el país no cumple, las aseguradoras deberán pagar las pólizas de sus asegurados. Si el país no incumple, las aseguradoras solo cobran las primas pagadas por sus clientes por el derecho a asegurar sus bonos.

Otro aspecto importante de los bonos es que pueden emitirse en cualquier moneda. Esto es muy importante ya que las monedas tienden a fluctuar, es decir, ganar o perder valor. Si un país emite bonos y depósitos de moneda de ese país, o pierde valor significativo, a continuación, los inversionistas pueden simplemente decidir volcar los bonos por lo que pueden conseguir. Esto puede hacer que un país entre en una crisis económica.

Por lo tanto, tanto los países como las corporaciones privadas pueden optar por emitir sus bonos en monedas diferentes a las de su país de origen. Por lo tanto, los países y las corporaciones pueden optar por emitir sus bonos en dólares estadounidenses, euros, francos suizos o quizás yenes. Lo importante es que la moneda sea estable y aceptada por los inversionistas de todo el mundo. Si un bono se emite en una moneda en la que los inversionistas no confían, el bono sería esencialmente inútil.

Los bonos corporativos funcionan de la misma manera que los bonos soberanos. Estos bonos son un medio para que las empresas obtengan financiamiento a través de otros medios que no son a través de la emisión de acciones. Los bonos corporativos están suscritos por intermediarios financieros acreditados y están asegurados en el mercado de derivados. Y al igual que los bonos soberanos, mientras mayor es el riesgo, mayor es el rendimiento.

## Categorías de bonos

Hay varias categorías diferentes de bonos. Es decir, no todos los bonos se crean de la misma manera.

En la sección anterior, discutimos dos tipos de bonos: bonos soberanos y bonos corporativos. Ambos funcionan de la misma manera y su rendimiento se trata de la misma manera.

Ahora, echemos un vistazo más de cerca a los tipos de bonos que existen:

- **Bonos soberanos:** como se indicó en la sección anterior, hay bonos emitidos por naciones soberanas. En los Estados Unidos, se llaman letras del Tesoro o T-Bills. Los emite el Tesoro de los Estados Unidos y los bancos intermediarios los compran a través del Sistema de la Reserva Federal. La mayoría de las naciones emiten sus bonos a través de sus bancos centrales.

- **Bonos no soberanos:** estos tipos de bonos generalmente se emiten para fines especiales, como los bonos de guerra. Son un medio temporal de recaudar capital y generalmente están vinculados a un evento muy específico como una guerra. Los países también pueden emitir estos bonos para pagar obras públicas costosas o para financiar su moneda.

- **Bonos corporativos de alta calidad:** ya hemos discutido los bonos corporativos. Sin embargo, hay dos tipos de bonos corporativos: de alta y baja calidad. Los bonos de alta calidad son determinados por la calificación de crédito de una compañía. Esto se realiza a través de una agencia de calificación como Fitch, Standard and Poor's o Moody's. Estas son compañías sólidas con excelentes antecedentes, finanzas saludables y bajo riesgo de incumplimiento. Tienen un rendimiento menor ya que tienen un riesgo menor.

- **Bonos de baja calidad:** Estos son los llamados "bonos basura". Se trata de bonos emitidos por corporaciones con una trayectoria no tan buena e incluso pueden representar un riesgo de impago. Estas corporaciones ofrecen poco interés, pero si pagan, el rendimiento puede ser muy atractivo. Este es un ejemplo de una situación de alto riesgo y alta recompensa. Los bonos basura tienen un riesgo excesivo y si varias empresas dejan de pagar al mismo tiempo, pueden causar pérdidas masivas en el mercado de bonos.

- **Bonos municipales:** los gobiernos locales los emiten. En los Estados Unidos, los estados y ciudades individuales pueden emitir bonos. Esto no siempre es posible en otros países. Entonces, depende de la gobernanza individual de cada país.

- **Bonos respaldados por hipotecas:** estos tipos de bonos se negocian activamente en el mercado de derivados. Estos bonos consisten en prestamistas hipotecarios que emiten bonos para obtener fondos con el único propósito de prestar dinero a los compradores de viviendas para financiar la compra de sus casas. En esencia, estos bonos son los que financian las compras de viviendas. Cuando se venden, otras instituciones se convierten en propietarios de las hipotecas vinculadas a esos bonos. Estas son algunas de las inversiones más favorecidas por los fondos de cobertura.

- **Bonos con garantía de deuda:** son bonos de alto riesgo, ya que son emitidos por prestamistas que buscan financiar la emisión de crédito a los clientes. Estos créditos pueden venir en forma de préstamos, tarjetas de crédito o préstamos para automóviles. Estos préstamos tienen un alto riesgo de incumplimiento, pero ofrecen los mejores rendimientos a los inversionistas.

## Opciones financieras

El comercio de opciones es parte del mercado de derivados. Una opción, como su nombre lo indica, le da a una persona la opción de comprar o vender acciones, pero no crea una obligación. Es un derivado, ya que se valora en un activo subyacente, en este caso, acciones.

Las opciones se emiten cuando se especula sobre el precio de una acción. Esencialmente, el accionista puede optar por vender a un precio determinado como se especifica en el contrato, pero no está obligado a hacerlo. Lo mismo vale para un comprador. Lo que hace una opción es fijar un precio de compra / venta en ese activo.

Hay do s partes en un contrato de opciones: "put" y "call ". Una opción de venta (put) consiste en otorgar a alguien el derecho de vender el activo subyacente. Cuando eso sucede, las partes involucradas en el contrato acuerdan el precio y los términos de la venta.

Una opción de compra (call) le otorga a alguien el derecho de comprar el activo subyacente en cuestión. Según esta lógica, si el comprador elige comprar el activo, lo hará al precio y los términos indicados en el contrato.

La ventaja de las opciones es que permite que las partes acuerden el precio y los términos antes de participar realmente en el acuerdo. Las operaciones realizadas fuera de las opciones están sujetas a las fuerzas del mercado. Por lo tanto, los compradores y el vendedor pueden terminar perdiendo buenas ofertas.

Además, las opciones pueden fijar un precio, similar a un contrato de futuros, aunque un contrato de futuros está vinculado a un producto básico, como el petróleo, como el activo subyacente, mientras que las opciones tienen acciones o incluso bonos, como el activo subyacente.

## FOREX

El mercado de divisas (FOREX) es un mercado altamente especulativo en el que dos o más monedas se enfrentan entre sí. Este mercado consiste en comprar y vender divisas en función de su valor de mercado. Es un mercado altamente líquido ya que los inversionistas están tratando específicamente con dinero.

Los mercados de acciones o bonos no son líquidos como FOREX, ya que los inversionistas poseen activos en papel que pueden, o no, tener fondos suficientes para respaldar sus operaciones. Esto puede resultar en una demanda de cobertura suplementaria dejando así las posiciones de los inversionistas desprotegidas. El resultado final podría ser el incumplimiento de un inversionista y la necesidad de deshacerse de acciones o valores en el mercado, a cualquier precio, para obtener efectivo.

Como tal, FOREX permite a los inversionistas comerciar con activos altamente líquidos denominados en monedas. Hay ETF de FOREX que están esencialmente garantizados para pagar ya que el activo subyacente es efectivo contante y sonante. Los inversionistas no pueden ingresar al mercado FOREX a menos que tengan el efectivo real para hacerlo.

FOREX analiza los tipos de cambio entre dos monedas. En esencia, estas podrían ser dos monedas de cualquiera de los dos países del mundo. Entonces, las combinaciones son prácticamente infinitas. También es altamente especulativo porque los inversionistas están apostando contra una apreciación o depreciación de una moneda frente a otra.

Por ejemplo, un comerciante compra 10.000 euros a un tipo de cambio de 1EUR: 1.18USD. Eso significa que el inversionista necesitaría 11.800 USD para comprar los 10.000 EUR. Si el tipo de cambio cambia de 1EUR: 1.18USD a 1EUR: 1.25USD, entonces el operador ahora tiene 12,500USD. Ha obtenido una ganancia de $ 700.

## Indicadores de desempeño

Como todo en la vida, los mercados financieros tienen indicadores. Estos indicadores pueden variar para los mercados internacionales. Pero para los mercados estadounidenses, existen varios indicadores que los inversionistas pueden rastrear para determinar las tendencias del mercado.

Ya hemos mencionado el Dow Jones, Nasdaq y S&P 500. Estos índices sirven como una evaluación inicial del desempeño del mercado de valores.

Cuando a los mercados les va bien, se dice que son un "mercado en alza". Cuando los mercados funcionan mal, se dice que son un "mercado a la baja".

Estas son algunas otras medidas estadísticas del desempeño del mercado:

- **Línea de avance / declive:** este es un modelo estadístico que rastrea los precios de las acciones. Si los precios generales de las acciones subieron, entonces el mercado está avanzando. Si los precios generales de las acciones están bajos, entonces el mercado está disminuyendo.

- **Promedio móvil de 10 días:** rastrea el mismo rendimiento que la línea de avance / declive, pero durante un período de 10 días. Esto proporciona una mayor indicador del rendimiento a corto plazo.

- **Indicadores económicos:** estos indicadores no son un resultado específico del rendimiento de las acciones, sino que influyen directamente en el rendimiento del mercado. Por ejemplo, las tasas de interés, el índice de confianza del consumidor, el índice de precios al consumidor, precios de la vivienda, informes de ganancias de empresas, y así sucesivamente.

Estos indicadores de rendimiento permitirán a los inversionistas tener una mejor idea de cómo está evolucionando el mercado.

## Impacto en el inversionista promedio

Cuando escuche que "los mercados han bajado ", no debería haber motivo de pánico. Es bastante normal que los mercados fluctúen. Lo más importante es visualizar las tendencias del mercado durante semanas, meses y años. Si tiene una estrategia a corto plazo, mirar una tendencia de seis meses puede ayudarlo a obtener una buena perspectiva y adónde ir.

Si escucha que "los mercados están en alza ", entonces también necesita hacer un seguimiento del promedio móvil, ya que ingresar a un mercado en la parte superior puede generar pérdidas a medida que el mercado puede cambiar. Por lo tanto, los inversionistas deben estar interesados en cuáles son las tendencias del mercado y determinar el mejor momento para entrar o salir, según las expectativas de retorno.

Lo peor que un inversionista puede hacer es salir de un mercado. A menos que tenga una estrategia a largo plazo, sobrellevar un mercado solo lo preparará para pérdidas significativas.

# Capítulo 3: Vehículos de Inversión

En este capítulo, vamos a echar un vistazo más de cerca a los vehículos de inversión. Estos vehículos de inversión son emitidos principalmente por las instituciones financieras en bancos particulares.

A diferencia del mercado de valores donde se negocian acciones, bonos y otros tipos de valores, los bancos privados emiten los vehículos de inversión que analizaremos. Estos bancos emiten certificados de depósito, fondos mutuales o anualidades respaldados por acciones negociadas en el mercado de valores.

Los vehículos de inversión emitidos por bancos privados y otras instituciones financieras están disponibles para el inversionista promedio. Invertir en este tipo de productos requiere un viaje a su banco local y una conversación con su asesor de inversiones. Los asesores de inversiones no podrán proporcionarle información sobre cuáles serían las mejores opciones disponibles para usted.

Los criterios que se utilizan para seleccionar un vehículo de inversión dependen del capital que el inversionista tenga disponible para invertir, los rendimientos esperados de esas inversiones y el nivel de tolerancia al riesgo que el inversionista está dispuesto a aceptar.

Según ese criterio, un inversionista promedio puede negociar uno de los productos que el banco tiene para ofrecerles. La selección de estos productos de inversión dependerá en gran medida de la certeza del producto en sí. Por ejemplo, un inversionista puede optar por invertir en un vehículo a corto plazo y, por lo tanto, puede elegir una inversión a corto plazo, como un certificado de depósito de 30 días.

Por otro lado, si un inversionista está dispuesto a guardar su dinero por un período de tiempo más largo, puede optar por adquirir un producto financiero e ir más allá del período de 30 días. Por ejemplo, un inversionista podría optar por reservar algo de dinero por un plazo de 180 días o incluso por un año. Una estrategia de inversión a largo plazo puede destacarse mediante la selección de vehículos a largo plazo, como un certificado de depósito a largo plazo.

En el capítulo anterior, analizamos el mercado de valores y nos centramos tanto en el inversionista promedio como en los grandes inversionistas institucionales. En esta discusión particular, no estaremos mirando a los grandes inversionistas institucionales. Más bien, buscaremos al inversionista promedio y cómo pueden reservar algo de dinero para destinarlo a los productos de inversión ofrecidos por un Banco tradicional.

En esta discusión, vamos a considerar el banco minorista promedio que trata directamente, uno a uno con los clientes y ofrece una gama de productos que van desde ahorros y préstamos hasta productos de inversión moderados. No consideraremos grandes bancos de inversión como JPMorgan o Merrill Lynch.

Vale la pena señalar que el dinero que los inversionistas destinarán a invertir en los productos ofrecidos por los bancos minoristas probablemente provenga de una parte de sus ganancias. Estos son ingresos excedentes que se han guardado. Como tal, el inversionista promedio será más reacio al riesgo en comparación con los grandes inversionistas institucionales, como los fondos de cobertura.

Como se mencionó en el capítulo anterior, los fondos de cobertura están más dispuestos a asumir un mayor riesgo ya que buscan un mayor rendimiento. Además, la proporción de un mayor riesgo, una mayor recompensa lleva a los fondos de cobertura hacia la búsqueda de vehículos de inversión más riesgosos. El inversionista promedio, que es más reacio al riesgo, buscará instrumentos de inversión más seguros. En consecuencia, los bancos minoristas ofrecen instrumentos más seguros para que los pequeños inversionistas puedan escoger. Esto no solo permite a los inversionistas poner su dinero a trabajar, sino que también permite un menor nivel de riesgo.

## Certificados de depósito

El primer producto de inversión que discutiremos se llama "certificado de depósito".

Un certificado de depósito, como su nombre lo indica, es un certificado emitido con un valor nominal especificado. Su valor nominal es acordado tanto por el banco como por el inversionista. La mayoría de los bancos ofrecerán una variedad de inversiones. Por ejemplo, los certificados de depósito oscilarán entre 1 y $ 1,000, entre $ 1,001 y 5000, etc. No hay rango establecido; esto depende de cada institución.

Lo que el banco elija ofrecer a sus clientes depende de las estrategias de inversión que tanto el inversionista como el banco están trabajando para implementar. Los certificados de depósito se consideran inversiones más seguras ya que vencen en una fecha fija y a una tasa especificada. Un certificado de depósito contará con el respaldo de la institución financiera emisora y, según la calificación crediticia de esa institución, el certificado será más riesgoso o más seguro.

En términos generales, un inversionista no puede retirar su inversión antes de la fecha de vencimiento. Por lo tanto, si un certificado de depósito tiene un plazo de 30 días adjunto, el inversionista no puede retirar su dinero hasta el final de ese plazo de 30 días. Si eligen hacerlo, el banco puede estipular que el inversionista debe pagar la multa por retiro anticipado.

El certificado de depósito ofrece un rendimiento, es decir, una tasa de interés, que se pagará al vencimiento del certificado. Este rendimiento, o tasa de interés, es ofrecido por la institución financiera y acordado por el inversionista. Es importante señalar que la tasa de interés, o rendimiento, en los certificados son fijados por las condiciones del mercado que prevalecen. Es decir, siempre que la tasa de interés sea establecida por la Reserva Federal y sirva de referencia, será la base de la tasa de interés ofrecida en el depósito. Como regla general, las inversiones a corto plazo tendrán menor rendimiento o tasa de interés. Las inversiones a más largo plazo tendrán un rendimiento más alto o una tasa de interés más alta.

Los certificados de depósito tienen menos riesgo inherente que otros tipos de vehículos de inversión, como títulos o acciones. Los intereses pagados sobre los certificados serán más bajos que otras inversiones de mayor riesgo. Al igual que los bonos, hay una institución que garantiza el pago del certificado. Por ejemplo, los bonos emitidos por estados soberanos están garantizados para ser pagados por ese estado. Entonces, a menos que un estado pueda entrar en incumplimiento, el bono será pagado.

Lo mismo ocurre con los certificados de depósito. A menos que la institución financiera emisora esté bajo riesgo de impago o quiebra, entonces es prácticamente garantizado que el certificado se pagará.

Otra nota importante: los certificados de depósito son una de las formas en que los bancos financian sus operaciones de préstamo. El dinero recaudado de la emisión de certificados de depósito se destina a la emisión de préstamos y créditos a otros clientes. Uno de estos tipos de certificados se llama certificados respaldados por hipotecas. Los certificados respaldados por hipotecas se adjuntan específicamente a los préstamos hipotecarios. Los inversionistas que estén dispuestos a comprar estos certificados hipotecarios pueden estar seguros de que su dinero está asegurado por las hipotecas que adquirirán otros clientes. Por lo tanto, el interés que cobra el banco, además del capital prestado, se utilizará para reembolsar a los inversionistas que compraron los certificados respaldados por hipotecas.

## Los fondos de mutuales

Otro producto de inversión ofrecido por bancos e instituciones de inversión financiera son los fondos mutuales, mutualistas o de inversión.

En resumen, los fondos mutuales son un conjunto de dinero que se recauda de varios inversionistas. Los bancos invierten entonces esta colecta de fondos. Los fondos van hacia la inversión en valores, por ejemplo, acciones, bonos, y otros activos financieros.

Dado que los fondos mutuales se invierten en el mercado de valores, son manejados por administradores de dinero profesionales. Estos gerentes asignarán los fondos a una canasta de valores. Por ejemplo, los fondos mutuales pueden invertirse en productos básicos como el petróleo y el gas natural. Otros tipos de fondos mutuales pueden ir completamente a acciones.

La estrategia de inversión que implementan los administradores de dinero puede variar según la filosofía de cada fondo. Si los inversionistas desean obtener un mayor rendimiento de un fondo mutuo, pueden acordar que el fondo invierta en valores de mayor riesgo. Estos valores de mayor riesgo pueden incluir bonos corporativos que pueden ser emitidos por compañías en una posición financiera más riesgosa. Sin embargo, pueden ofrecer una mayor tasa de rendimiento.

Otras estrategias de inversión pueden buscar encontrar un enfoque más diversificado. Este enfoque diversificado puede destacarse invirtiendo en acciones, productos básicos y bonos. Los fondos mutuales diversificados ofrecen un mejor rendimiento y un riesgo reducido ya que el rendimiento del fondo no depende de un solo activo subyacente. De hecho, un fondo mutual diversificado distribuye el riesgo y compensa las pérdidas potenciales de un activo con las ganancias de otro

En términos generales, los fondos mutuales están compuestos por cientos de acciones diferentes. Por lo tanto, los fondos mutuales suelen estar diversificados, incluso si están totalmente invertidos en acciones. Sin embargo, los fondos mutuales incluirán bonos, entre otros valores, como un medio para compensar cualquier pérdida potencial de las acciones mismas.

En esencia, los fondos mutuales son como una pequeña empresa. Esta compañía tomará el dinero de los inversionistas y lo pondrá a trabajar en el mercado de valores. En muchos sentidos, es similar a un fondo de cobertura.

Como se señaló anteriormente, un fondo de cobertura es un club que toma dinero de inversionistas o miembros del club, e invierte ese dinero como un fondo común. Los fondos mutuales funcionan de la misma manera. Los fondos mutuales tienden a ser mucho más conservadores que los fondos de cobertura.

Por lo tanto, cuando las compras promedio de los inversionistas en un fondo de inversión, están en realidad comprando una parte de la propiedad en la corporación de fondo mutual. Entonces, cuando la corporación de fondos mutuales compra acciones de una compañía como Facebook, el inversionista promedio no está realmente comprando la propiedad de Facebook. Dado que el inversionista ha comprado una parte de la propiedad en la compañía de fondos mutuales, ese inversionista es en realidad el dueño de la compañía de fondos mutuales y no las acciones de las empresas en las que el fondo de inversión se ha invertido.

Existen diferentes tipos de fondos mutuales.

El primer tipo se llama "fondo mutuo de renta fija". Un fondo mutuo de renta fija es un tipo que se invierte en bonos como bonos gubernamentales o corporativos. Como los bonos tienen un rendimiento fijo, ofrecen un ingreso fijo. Por lo tanto, existe una tasa de rendimiento esperada con la que los inversionistas pueden contar al comprar este tipo de fondo mutuo.

Otro tipo de fondo mutuo se llama "fondo indexado". Estos fondos generalmente están vinculados a uno de los principales índices bursátiles. Por ejemplo, fondos como estos pueden estar vinculados al Dow Jones, NASDAQ o S&P 500. El rendimiento de este tipo de fondos depende únicamente del rendimiento del mercado. Entonces, si el mercado está en auge, los inversionistas pueden esperar una tasa de rendimiento más alta. Por otro lado, si los mercados están caídos, los inversionistas pueden esperar una tasa de rendimiento más baja o incluso una pérdida potencial.

Otro tipo de fondo mutuo se llama "fondo equilibrado". Como dije anteriormente, este es el tipo de fondo que elige tener un enfoque equilibrado entre acciones y bonos. Un fondo equilibrado ofrece una estrategia de inversión diversificada que los inversionistas deberían considerar segura.

Una nota final es que los fondos mutuales tienen tarifas adjuntas. Estas tarifas se cobran por la administración del fondo. Hay una tarifa anual que se cobra por la operación del fondo. Esto puede variar del 1 al 3% del valor del fondo. Asimismo, puede haber otras tarifas que vienen en forma de comisiones. Estas comisiones se pagan por adelantado cuando los inversionistas compran el fondo. En resumen, esta es la forma en que las compañías de fondos mutuales ganan dinero al administrar el fondo en sí. Además, ganarán dinero con el rendimiento del fondo.

## Anualidades

Las anualidades son otro tipo de inversión ofrecida por bancos o compañías de seguros. A menudo se los malinterpreta, ya que tienden a ser complejos en su cálculo. Básicamente, las anualidades son un tipo de seguro que el inversionista promedio pagará una tarifa mensual o anual, y al vencimiento del plazo, el inversionista recibirá una suma global de dinero que generalmente se paga mensualmente.

Al igual que cualquier otro seguro, la cantidad de dinero que pagará la anualidad dependerá de la prima pagada por el cliente. Así, si un cliente paga una prima mayor, recibirá un pago mayor. Según el plazo de la anualidad, el inversionista puede optar por recibir un pago a tanto alzado al vencimiento del fondo o recibir el pago mensual fijo.

Las anualidades son una inversión típica hecha con la jubilación en mente. Cuando un individuo decide comprar una anualidad, está pensando en contribuir una cantidad específica de dinero, por ejemplo, cada mes, con la intención de garantizar sus ingresos en sus años de jubilación.

Un inconveniente específico de las anualidades es que los pagos durarán un período específico de tiempo. Entonces, dependiendo de los términos de la anualidad, los pagos pueden hacerse por, por ejemplo, 20 años. Esto significa que al beneficiario se le garantizará un pago anual desglosado en pagos mensuales durante 20 años. Por lo tanto, existe el riesgo de que es el beneficiario puede sobrevivir el número de pagos acordados.

Otro inconveniente de las anualidades es que tienden a ser ilíquidas. El dinero que se deposita en una anualidad no puede retirarse hasta después de un período de tiempo como se especifica en los términos de la anualidad. Esto asegura que la anualidad no será insolvente, es decir, se quedará sin dinero para pagar a todos los demás inversionistas que compraron el fondo de anualidades.

En términos generales, las compañías de seguros venden las anualidades. Es por eso que funcionan de la misma manera que el seguro tradicional. Por ejemplo, el seguro de vida es un conjunto de dinero recaudado por todos los clientes que pagan las primas de sus pólizas de seguro de vida. Cuando una persona fallece, el dinero es retirado de ese fondo, y la póliza se paga. En consecuencia, las anualidades funcionan de la misma manera.

Las anualidades son un excelente complemento para los pagos del Seguro Social. Por tal razón, se recomienda que las personas consideren comprar una anualidad cuando no esperan cobrar la seguridad social. Esta es una forma de ahorrar dinero para los años de jubilación cuando las personas dependerán de un ingreso fijo.

## Portafolios

Las carteras o portafolios de inversión son una colección de los diferentes tipos de activos financieros que un inversionista posee. Esta colección de activos puede variar desde acciones tradicionales, como acciones y bonos, hasta otros tipos de inversiones, como productos básicos, anualidades o efectivo depositado en cuentas bancarias tradicionales.

Las personas más ricas pueden buscar asesoramiento profesional de los administradores de dinero que les ayudarán a asignar sus activos de tal manera que generen el mayor rendimiento posible. La asignación de activos depende en gran medida de la estrategia de inversión seleccionada. Un inversionista que esté más inclinado a una estrategia a corto plazo y de alta ganancia elegirá asignar sus activos en instrumentos de mayor rendimiento y, por lo tanto, exponerse a un mayor nivel de riesgo. Por otro lado, los inversionistas con una estrategia a largo plazo pueden buscar invertir en vehículos de inversión más seguros, como bonos o anualidades.

Un punto importante a considerar es la necesidad de diversificar. Una cartera de inversiones compuesta únicamente por un tipo de activo supone un mayor nivel de riesgo. Por ejemplo, una cartera invertida únicamente en títulos como acciones representaría una exposición del 100% al mercado de valores. Por lo tanto, las fluctuaciones en el mercado pueden representar pérdidas o ganancias considerables para esa cartera en particular.

Un enfoque diversificado o equilibrado permitirá a los inversionistas asegurarse de que cualquier pérdida potencial pueda ser compensada por las ganancias producidas por otros activos en la cartera. Esto es por esto que es muy importante que el inversionista medio se familiarice con el contenido de su cartera. Por lo tanto, el seguimiento del rendimiento de una cartera es vital para proteger las inversiones contra posibles choques del mercado.

Esto no significa que el seguimiento de la cartera deba ser un trabajo de tiempo completo, pero sí significa que un inversionista debe ser consciente de dónde están sus activos y cómo se asignan.

# Capítulo 4: Operaciones intradiarias (Day trading)

A lo largo de este libro, hemos discutido cómo los inversionistas pueden buscar oportunidades de inversión en diferentes mercados financieros. Hemos discutido acciones, bonos, fondos mutuales, productos básicos e incluso derivados.

Para que la mayoría de los inversionistas ingresen a los mercados financieros, deben contratar a un corredor para comprar y vender activos financieros en su nombre. Para hacer esto, los corredores deben tener una licencia oficial para hacerlo. Además, trabajan para instituciones financieras que están debidamente registradas y supervisadas por organismos reguladores oficiales del gobierno.

Sin embargo, un individuo promedio puede optar por ingresar a los mercados financieros por su cuenta. Esto se puede hacer a través de una empresa de corretaje que ofrece a los inversionistas promedio la oportunidad de administrar su propia cartera.

Los inversionistas individuales que buscan ingresar a los mercados financieros pueden hacerlo utilizando las plataformas en línea ofrecidas por las compañías de corretaje tradicionales. Todo lo que un individuo necesita hacer es abrir y financiar una cuenta y aprender a usar la plataforma. Esto permitirá que un individuo se convierta en corredor.

Uno de esos tipos de operadores se llama operador intradiario (day trader). Los operadores intradiarios son individuos que abren su posición al comienzo del día de negociación y generalmente cierran sus posiciones al final del día de negociación. Esta apertura y cierre generalmente corresponde a la apertura y cierre de una bolsa de valores importante. Por ejemplo, un operador puede optar por seguir la apertura y el cierre de la Bolsa de Nueva York.

Algunas personas han hecho que el comercio intradiario sea un trabajo a tiempo completo. La razón de esto es porque pueden ganar suficiente dinero para cubrir sus gastos y financiar su estilo de vida. Sin embargo, ser un operador intradiario es un esfuerzo altamente especulativo. Un operador intradiario debe ser muy consciente de los vehículos de inversión que está comprando cuando comprarlos, y lo más importante, cuándo venderlos. Es importante tener en cuenta que ser un operador intradiario requiere conocimiento, no solo en el funcionamiento de los propios mercados financieros, sino también en las plataformas y herramientas de inversión disponibles para ellos.

En este capítulo, analizaremos en profundidad lo que se necesita para convertirse en un operador intradiario. Pero antes de entrar en los detalles de convertirse en un operador, es importante señalar que este tipo de actividad no es para todos. Aquellos individuos que se convierten en operadores a tiempo completo deben, en última instancia, renunciar a sus trabajos para dedicar el tiempo y la atención necesarios para operar diariamente.

Además, ser un operador intradiario no es una fuente constante de ingresos. Así como es posible ganar grandes sumas de dinero en grandes ofertas, también es posible perder una considerable suma de dinero. Por lo tanto, las operaciones intradiarias no son el tipo de actividad donde puedes poner todos tus huevos en una canasta. Bien hechas, las operaciones intradiarias pueden convertirse en una actividad muy lucrativa.

Entonces, si ha llegado a este punto en este libro, es porque usted se toma en serio la participación en el comercio de activos financieros. Entonces, echemos un vistazo más de cerca a lo que se necesita para convertirse en un operador intradiario.

## Cómo convertirse en inversionista

La primera regla para convertirse en inversionista es tener dinero para invertir. Eso significa que las personas que buscan convertirse en inversionistas deben tener algo de dinero extra reservado para este propósito. Para aquellas personas que viven de un sueldo a otro, la inversión puede no ser factible ya que todos sus ingresos se destinan a financiar su estilo de vida y tienen muy pocos ahorros.

Ahora, vale la pena señalar que no es necesario tener millones de dólares para convertirse en inversionista. La mayoría de las instituciones financieras requerirán una inversión mínima de alrededor de $ 500 para invertir en línea.

La segunda regla a considerar al convertirse en inversionista es establecer una estrategia de inversión. Las expectativas de los inversionistas definen las estrategias inversión. Es decir, lo que un inversionista busca obtener al invertir su dinero en un mercado financiero determinado. Si un inversionista busca hacerse rico rápidamente, puede optar por encontrar inversiones de alto rendimiento. Por supuesto, hemos discutido cómo las inversiones de alto rendimiento también conllevan un alto nivel de riesgo.

Lo que el inversionista promedio busca al poner su dinero a trabajar es generar fuentes alternativas de ingresos. Estas fuentes alternativas de ingresos son aquellas que no dependen de tener un trabajo. Si bien los trabajos pueden ofrecer un sueldo constante cada mes, el potencial de crecimiento salarial es bastante limitado. Para que un empleado reciba un aumento en su salario, se deben cumplir ciertas condiciones. En general, un aumento está asociado con una promoción o cambio a otro trabajo mejor remunerado

Las operaciones intradiarias pueden conducir a una situación en la que un inversionista puede generar suficientes ingresos pasivos por los cuales no se requerirá que el inversionista trabaje para financiar y mantener su estilo de vida. Lo que la mayoría de los inversionistas buscan en una estrategia de inversión es poder lograr la seguridad financiera y la libertad financiera. Este es el principio básico de convertirse en un inversionista.

Comparemos el hecho de ser un empleado y tener un sueldo estable con convertirse en un inversionista y tener un flujo constante de ingresos como resultado de invertir en instrumentos financieros.

Después de una cierta cantidad de años, los empleados pueden cobrar una pensión y/o seguridad social. Estos pagos generalmente se producen después de décadas de trabajo y garantizarán los ingresos de una persona durante sus años de jubilación, es decir, cuando ya no puedan trabajar. Las pensiones y la seguridad social son limitadas y su potencial de crecimiento es prácticamente nulo. Además, es posible que no se hereden más pensiones y pagos de seguridad social a las generaciones futuras.

Por otro lado, la inversión inteligente puede conducir a un potencial de crecimiento ilimitado de los ingresos. El potencial de crecimiento ilimitado se debe al hecho de que la inversión inteligente no se limita en ningún momento. De hecho, las inversiones rentables no solo generarán ingresos durante un período de tiempo ilimitado, sino que también aumentarán el ingreso generado. Un ejemplo de esto puede ser un fondo mutuo que gana valor con el tiempo.

Otros activos financieros con potencial de crecimiento ilimitado son las acciones. Por ejemplo, si un inversionista posee una cantidad determinada de acciones en una empresa cuya valoración se dispara debido a su rendimiento, este inversionista puede optar por vender y hacer mucho dinero gracias al crecimiento exponencial en la valoración de esa empresa.

La siguiente regla para convertirse en inversionista está relacionada con la mentalidad. Convertirse en inversionista depende en gran medida de la tolerancia al riesgo. Para aquellas personas que son reacias al riesgo, hay muchos vehículos de inversión seguros, como certificados de depósito o bonos del gobierno. Sin embargo, convertirse en un operador intradiario es una propuesta más arriesgada. Por lo tanto, se necesita una mentalidad más aventurera para tener éxito en las operaciones bursátiles. En muchos sentidos, convertirse en un inversionista exitoso significa que no tiene miedo de asumir los riesgos que conlleva ganar dinero invirtiendo en los mercados financieros.

## Cómo comprar fondos en línea

La aparición de Internet ha permitido que el inversionista promedio tome el control de sus propias estrategias de inversión. En el pasado, un inversionista necesitaba pasar por un corredor para asignar su dinero a los mercados financieros. El Internet, sin embargo, ahora ofrece un sinfín de oportunidades para que el inversionista promedio hunda sus dientes.

Como tal, los inversionistas pueden usar Internet, mediante el uso de plataformas de negociación en línea, para comprar y vender acciones. Muchas de las grandes firmas de corretaje ofrecen plataformas de negociación que han invertido tiempo y dinero en el desarrollo de estos sistemas. En consecuencia, cualquier individuo con fondos suficientes puede optar por abrir una cuenta para comenzar a operar.

Se recomienda utilizar una plataforma de capacitación para aprender a comprar activos financieros. La razón de esto es porque un individuo promedio puede no estar familiarizado con la mecánica de comprar y vender acciones. Sin embargo, el uso de una plataforma de capacitación familiarizará a los nuevos inversionistas con la forma en que se negocian las acciones. Por lo tanto, el uso de una plataforma de compra-venta elimina la necesidad de un intermediario.

Esto permite a los inversionistas tomar el control total de la gestión de sus fondos. Esto es significativo ya que los corredores de bolsa y los administradores de dinero decidirán cómo invertir el dinero de un cliente. No hace falta decir que los clientes y los corredores no siempre se encuentran cara a cara con respecto a la estrategia de inversión. Por lo tanto, poder controlar las estrategias de inversión es una cualidad atractiva de las plataformas de negociación en línea.

Existen varias plataformas de negociación disponibles para el inversionista promedio. En este libro, no estamos respaldando ninguna plataforma de negociación en particular. Pero estamos abogando por el uso de plataformas de negociación para comprar y vender activos financieros. Se recomienda que el inversionista promedio analice todas las plataformas posibles que existen para poder elegir la que mejor se adapte a sus necesidades.

Por supuesto, no todas las plataformas son iguales. Algunas plataformas ofrecen una cantidad mínima más baja para financiar la cuenta, pero pueden cobrar tarifas comerciales más altas. Otras plataformas pueden tener una mayor aceptación pero cobran tarifas de transacción más bajas.

Otro aspecto importante a considerar al elegir una plataforma es el soporte que viene con esa plataforma específica. Algunas instituciones financieras ofrecen acceso a sus análisis y datos para que los titulares de cuentas puedan ver lo que los corredores de bolsa humanos están viendo y tomar decisiones de inversión en consecuencia.

Una cualidad interesante de las transacciones en línea es que las empresas de corretaje ofrecen cuentas de prueba gratuitas con sus plataformas. Estas plataformas ofrecen la experiencia real pero no requieren un depósito monetario. El inversionista recibe dinero virtual para invertir en la plataforma y tomar decisiones comerciales en consecuencia. Los resultados obtenidos de las transacciones realizadas en la cuenta de prueba gratuita son indicativos de los resultados que las transacciones reales habrían producido.

Un consejo muy importante aquí es tener cuidado con las tarifas de transacción. Las tarifas de transacción generalmente se cobran por operación. Una empresa de corretaje puede optar por cobrar una tarifa plana de $ 5 por transacción cada vez que un inversionista elige comprar o vender. Esto implica que automáticamente se aplicará una tarifa de transacción de $ 5 a todas las operaciones. Es muy importante tener esto en cuenta porque las tarifas de transacción se suman y podrían afectar las ganancias obtenidas en una operación.

## Cómo comprar un fondo referenciado

Los fondos referenciados (tracker funds) son básicamente lo mismo que un ETF promedio. Los fondos referenciados son esencialmente un fondo indexado, como un fondo mutuo, y pueden indexarse a prácticamente cualquier mercado del mundo. En esencia, el éxito del fondo dependerá del rendimiento del índice que está rastreando. Por ejemplo, un fondo referenciado que está indexado al S&P 500 generará ganancias si el S&P 500 produce buenos resultados. Por el contrario, si el rendimiento del S&P 500 es pobre, entonces el fondo referenciado puede perder dinero.

El propósito de comprar un fondo referenciado es ganar exposición a una base más amplia. Entonces, en lugar de limitar la exposición a un determinado grupo de acciones o compañías, los fondos referenciados permiten a los inversionistas obtener exposición a todo el mercado. Por lo tanto, el desempeño del mercado no depende únicamente de un puñado de empresas. Más bien, es una medida del desempeño de todo el mercado.

Dado que un fondo referenciado es esencialmente un ETF, los inversionistas en realidad no poseen ninguna acción de ninguna compañía. El propietario real de las acciones es la institución financiera que vende el fondo referenciado. Por lo tanto, los fondos referenciados, o fondos indexados, son otra forma de activo en papel.

Los fondos referenciados también son una forma de inversión pasiva. Dado que el fondo está hecho de un amplio segmento del mercado, no existe una negociación individual de acciones individuales. Por lo tanto, los inversionistas que compran el fondo pueden sentarse y rastrear el rendimiento del mercado. Dado que el fondo depende del rendimiento del mercado, no hay un rendimiento específico asociado al fondo.

Los fondos indexados también son una excelente forma de inversión de bajo costo al tiempo que obtienen una exposición significativa a los mercados. Un buen indicador de qué tan bien se está desempeñando un mercado es el desempeño del mercado a lo largo del tiempo. Por ejemplo, si un mercado ha producido rendimientos anuales del 5% en los últimos 10 años, se puede esperar que un fondo indexado produzca un rendimiento de aproximadamente el 5%. Si el fondo índice se compra durante un mercado en alza, es decir, un mercado en expansión, se puede esperar que los rendimientos sean mayores. Sin embargo, si el mercado está bajista o pesimista, se podría esperar que los rendimientos del fondo sean más bajos.

Otra consideración importante con respecto a los fondos referenciados es que el riesgo tiende a ser menor ya que la exposición a todo el mercado diluye la posibilidad de riesgo. Posteriormente, los fondos indexados proporcionan un vehículo de inversión sólido que puede producir resultados basados en los promedios del mercado al tiempo que limita el riesgo a niveles aceptables.

También es importante tener en cuenta que hay costos y tarifas asociados a la compra y venta de estos fondos. Es por eso que es importante que los inversionistas hagan su investigación y descubran qué tarifas están asociadas a estos fondos.

## Plataformas de inversión

Como se discutió anteriormente, no todas las plataformas de inversión son iguales.

Si bien todas las plataformas tienden a tener las mismas características, no todas tienen las mismas tarifas de transacción asociadas. Además, es importante tener en cuenta la disponibilidad de activos financieros que pueden negociarse en una plataforma determinada.

Por lo tanto, es muy recomendable que los inversionistas miren a los corredores de descuento que ofrecen servicios de inversión en línea. Estos corredores de descuento pueden ofrecer operaciones tan bajas como $ 2 por operación. Sin embargo, también es importante averiguar si hay tarifas de administración o mantenimiento, además de las tarifas de transacción.

Si opta por entrar en el comercio de divisas (FOREX), sería muy recomendable buscar una plataforma especialmente dedicada a FOREX. Además, si está buscando invertir en mercados fuera de los Estados Unidos, deberá buscar una plataforma con esas capacidades.

Como yo no estoy respaldando ninguna plataforma específica, es vital hacer investigación sobre cualquier plataforma con la que considere trabajar. Personalmente, no me registraría en ninguna plataforma de negociación que no me ofrezca una cuenta de práctica gratis.

Una cuenta de práctica gratis es crucial, ya que le dará una idea de cómo funciona la plataforma antes de que realmente arriesgue dinero real. Si puede producir buenos resultados en una cuenta de práctica, puede estar seguro de que realmente ganará dinero con el producto real. Sin embargo, las cuentas de práctica generalmente tienen una funcionalidad limitada, como un breve período de prueba. Por lo tanto, es importante aprovecharlo al máximo mientras pueda.

Otro aspecto importante a considerar es el tipo de soporte proporcionado para esa plataforma. Si una plataforma determinada ofrece poco soporte, entonces usted puede estar seguro de que si llega a tener problemas, usted estará por su cuenta. Este es uno de los peligros que vienen con las empresas de corretaje de descuento. Por lo tanto, si el soporte es importante para usted, entonces es posible que tenga que repartir algunos dólares adicionales en términos de tarifas de mantenimiento para obtener soporte.

Una regla de buena práctica es hacer una búsqueda exhaustiva en las opiniones de los clientes reales sobre el uso de una plataforma en la que está interesado. Además, puede optar por visitar las oficinas de esa empresa y obtener información de un ser humano real. Si puede conectarse con otros inversionistas, la referencia de boca en boca puede terminar siendo un salvavidas.

## Cómo determinar cuándo comprar

Determinar cuándo comprar una acción o un vehículo de inversión es tanto un arte como una ciencia. Hasta ahora, no ha habido ningún inversionista que haya logrado perfeccionar un sistema que pueda determinar el momento adecuado para comprar una acción o capital.

Entonces, ¿cómo puede saber cuándo sería el mejor momento para comprar acciones.

La respuesta a esta pregunta depende de qué tan de cerca sigas a los mercados. Si está dispuesto a invertir el tiempo necesario para seguir las tendencias del mercado y obtener una idea clara de hacia dónde se dirigen las acciones individuales, puede tener una buena idea de cuándo comprar una en función de la tendencia de esa acción. Por ejemplo, si una empresa cotiza en un rango de $ 100 a $ 110, cualquier cosa en ese rango se consideraría normal.

Sin embargo, si esa acción en particular se ubicó por debajo de $ 100, y sabe que está muy por debajo de su precio de mercado habitual, puede suponer con seguridad que es hora de comprar. Por supuesto, debe comprender por qué las acciones cayeron por debajo de su piso, es decir, el precio de $ 100. Si se debe a las fuerzas del mercado, entonces puede comprar en la caída. Sin embargo, si la caída en el precio de una acción se debe a ganancias deficientes o problemas dentro de la empresa, entonces podría no ser el mejor momento para comprar esa acción. De hecho, comprar acciones de una empresa con problemas puede terminar costándole más dinero a largo plazo.

Es por eso que los corredores intradiarios viven y mueren por los análisis y la información a la que tienen acceso. Puede comprar servicios de suscripción premium a fuentes de información financiera que le proporcionarán análisis e información sobre las tendencias de los mercados, acciones individuales y otros vehículos de inversión.

Además, debe tener cuidado de no comprar cuando el mercado está en su punto más alto. Por ejemplo, si un mercado está batiendo récords, entonces debe tener mucho cuidado en qué acciones va a invertir. La razón de esto es que cuando compras en la parte superior, no hay otro lugar a donde ir que bajar. Del mismo modo, si compra en la parte inferior, no hay lugar a donde ir sino hacia arriba. Sin embargo, determinar dónde está ese fondo es tan difícil de predecir como el clima.

Saber cuándo comprar una acción o capital también depende de su instinto. Debe investigar y esforzarse por saber hacia dónde van las tendencias del mercado. Pero al final del día, hay un componente de intuición que le dirá cuándo es el momento adecuado para comprar. Esta intuición se afina a través de la experiencia y la comprensión de los mercados.

Otra advertencia: tenga cuidado con los expertos en televisión que afirman tener información privilegiada y le dicen cuándo comprar y cuándo vender. En última instancia, estos llamados expertos son humanos y podrían estar equivocados. Por eso es importante tomar cualquier asesoramiento financiero que se oye con recelo. Siempre he dicho, confía pero verifica. De esa manera, puede tomar una decisión informada sobre si comprar o esperar hasta que el precio baje aún más.

## Cómo determinar cuándo vender

Determinar cuándo vender es tan difícil como determinar cuándo comprar.

Saber cuándo vender es una forma de arte. Muchos inversionistas cometen el error de esperar que el precio siga subiendo. Cuando comprenda la forma en que funciona la inversión, sabrá cuál sería el precio normal de una acción o patrimonio.

Por ejemplo, si una acción se cotiza en el rango de $ 100 a $ 110, un precio que está por encima de $ 110 sería un territorio para que usted considere vender. Suponga que esa acción en particular llega a 120. En ese momento, debe considerar vender porque si mantiene, el precio puede volver a bajar, y se perdería una buena oportunidad.

Si estaba jugando una estrategia a largo plazo y no le preocupa comprar y vender cada vez que el precio sube o baja, las fluctuaciones menores del mercado no deberían preocuparle. Sin embargo, si tiene una estrategia comercial a corto plazo, entonces necesita vender tan pronto como el precio supere un rango que ha determinado que es normal.

También puede escuchar el término "burbuja". Una burbuja consiste en el comportamiento de los inversionistas mediante el cual pagan cantidades cada vez mayores por una acción o capital en particular. Puede identificar fácilmente una burbuja cuando los precios son mucho más altos de lo que ha observado en el pasado. Por ejemplo, si la acción se cotiza a $ 100, pero ha aumentado progresivamente a 200, entonces podría considerar que es un territorio de burbujas, en ese momento, debe vender de inmediato. Si decide aferrarse a la acción con la esperanza de hacer un beneficio aún mayor, es posible que se comprometa con una mayor decepción cuando baje de precio, y vender con una ganancia menor.

Es por eso que saber cuándo vender depende de su mentalidad. Los inversionistas demasiado ambiciosos cometerán el pecado capital de mantener las acciones durante demasiado tiempo. En cierto modo, es mejor llegar un día antes que un día tarde. Siempre recomendaría vender en cualquier momento que esté obteniendo ganancias. Por esperar demasiado, puede acabar teniendo una pérdida potencialmente simplemente porque trató de sincronizar el tiempo del mercado

La sincronización del mercado es increíblemente difícil porque nadie sabe cuál podría ser la cima de ese mercado. Los mercados financieros son altamente volátiles e impredecibles. Por lo tanto, el sentido común, la intuición, y la experiencia le dirá cuándo será el momento adecuado para vender. Si vende demasiado pronto, no se preocupe; siempre habrá más oportunidades para comprar acciones sólidas a precios bajos.

Otro consejo importante es evitar intentar dar un jonrón. La mayoría de los inversionistas sueñan con limpiar en un solo transacción. Muchos se imaginan que hacer una negociación resolverá todos sus problemas por el resto de sus vidas. Bueno, esos acuerdos están disponibles, y existen, pero la probabilidad de llegar a un negocio es muy baja. Por lo tanto, nunca te arrepientas de vender siempre y cuando ganes dinero. Puede arrepentirse de una venta cuando pierda dinero.

## Capítulo 5: El lenguaje de la inversión

En este capítulo, analizaremos tres elementos importantes que conforman cualquier estrategia de inversión exitosa. Hasta ahora, hemos discutido una gran cantidad de información relacionada con la mecánica de la inversión. Sin embargo, ha llegado el momento de centrarse más en la estrategia y los elementos cruciales que pueden hacer o deshacer una estrategia de inversión exitosa.

A menudo, los inversionistas pierden de vista estos elementos importantes, el primero de los cuales es la diversificación. La diversificación es un factor crucial para mitigar el riesgo.

Además, la gestión de riesgos es una parte fundamental de la gestión exitosa de la cartera. Cuando los inversionistas no entienden el riesgo o no se involucran en operaciones de alto riesgo, se exponen a la posibilidad de perder un poco, si no, todas sus inversiones.

Igualmente, las expectativas de los inversionistas juegan un papel fundamental en las decisiones que toman en la estrategia de inversión que se implementa. Una medida de estas expectativas es el rendimiento anual de las inversiones. Como tal, los inversionistas esperan ganar una cantidad específica de dinero derivado de sus inversiones.

Pero una cosa es manejar las expectativas, y otra para hacer frente a las ganancias reales. En consecuencia, las expectativas de los inversionistas se contrastan con las utilidades reales, y la diferencia determinará si una estrategia de inversión ha tenido éxito o no.

Esto es lo que llamamos el "lenguaje de la inversión". Y al comprender este lenguaje, puede mejorar sus posibilidades de convertirse en un inversionista exitoso. Al comprender este lenguaje, puede prepararse para el éxito.

## La importancia de la diversificación.

La diversificación es un tema general en la inversión. Escuchará a los inversionistas hablar sobre este término al planificar sus estrategias de inversión.

Pero, ¿qué es la diversificación?

Bueno, la diversificación consiste, literalmente, en no poner todos los huevos en una sola canasta. La diversificación consiste en distribuir sus activos invertibles en diferentes tipos de inversiones.

Consideremos primero lo opuesto a la diversificación.

Considere un inversionista que tiene $ 100 destinados a invertir en el mercado de valores. Este inversionista elige poner sus $ 100 completos en acciones de una corporación. Si esa corporación es una compañía sólida y está ganando dinero, entonces las posibilidades de ganar dinero con esta inversión de $ 100 serán buenas. Sin embargo, si por alguna razón, la empresa se encuentra con problemas y publica informes de ganancias negativas, entonces las posibilidades de perder dinero pueden ser altas.

En este ejemplo, el inversionista está expuesto a un alto nivel de riesgo, ya que invertir en un activo financiero significa que sus posibilidades de ganar o perder dinero dependen del rendimiento de ese activo en particular.

Como tal, la diversificación se trata de mitigar y reducir el riesgo. Cuando distribuye sus huevos en diferentes canastas, se protege a sí mismo al determinar qué inversiones tendrán las mejores posibilidades de ganar dinero y potencialmente compensar las pérdidas en las que puedan incurrir otras inversiones.

Veamos esta estrategia de diversificación.

El inversionista que tiene $ 100 destinados a invertir, elige dividir esa inversión de $ 100 en cuatro partes. Eso significa que los $ 25 se asignarán a cada tipo de inversión. Los primeros

$ 25 irán al mercado de valores mediante la compra de acciones. Los próximos $ 25 se destinarán a la compra de fondos mutuales. El siguiente $ 25 se destinarán a la compra de bonos. Y los últimos $ 25 se invertirán en un certificado de depósito.

Como puede ver, esta estrategia de diversificación busca compensar las pérdidas potenciales de una clase de activos sobre la otra. Supongamos que el mercado de valores baja. Dado que las acciones han bajado, esa inversión de $ 25 ahora puede ser de $ 20. Sin embargo, el rendimiento de los fondos mutuales es mayor ya que ese fondo en particular ha sido indexado a un mercado diferente. La inversión inicial de $ 25 es ahora de $ 30. En este ejemplo, las ganancias de un mercado han compensado las pérdidas del otro. Como tal, este inversionista llegó a un punto de equilibrio.

Por lo tanto, la diversificación es crucial para garantizar el éxito de cualquier cartera de inversiones. Un claro ejemplo de esto son los fondos indexados (Index funds). Como se discutió anteriormente, los fondos indexados ofrecen a los inversionistas exposición a un mercado completo o un segmento considerable de uno. En consecuencia, el rendimiento de un fondo indexado depende del rendimiento de todo el mercado. Por lo tanto, si una acción individual tiene un rendimiento inferior, las acciones restantes pueden recuperar la holgura y compensar las pérdidas de una acción de bajo rendimiento.

Este ejemplo de diversificación ofrece a los inversionistas una red de seguridad. Si bien es cierto que siempre hay el riesgo en cualquier tipo de inversión, la diversificación sirve para reducir ese nivel de riesgo a niveles más manejables.

Otra ventaja clave de la diversificación es que la diversificación permite dividir una cartera en diferentes partes. Nuestro ejemplo anterior pone de relieve cómo una cartera pudiera ser dividida en cuatro partes. Por lo tanto, si una parte tiene un rendimiento inferior, el inversionista puede optar por deshacerse de ese componente en particular y asignar esos fondos a activos de mejor rendimiento. Esto sería prácticamente imposible bajo una estrategia de inversión que se centra únicamente en una clase de activo o una acción individual.

## Retorno anual de inversiones

La mejor medida del éxito de una inversión es lo que se conoce como "rendimiento anual de las inversiones". Dicho anteriormente, el rendimiento anual de la inversión comienza con las expectativas de los inversionistas. Es decir, lo que los inversionistas esperan ganar al asignar recursos hacia una inversión. Por ejemplo, un inversionista que reserva $ 100 en una inversión determinada esperará ganar una cantidad específica al final de un año. Por lo tanto, el término tasa de rendimiento anual.

Sin embargo, es importante realizar un seguimiento del rendimiento real de una inversión determinando la ganancia o pérdida de esa inversión.

Asumamos lo siguiente:

Un inversionista que asignó $ 100 para la compra de una acción individual espera obtener un retorno del 10% al final de un año. Esta expectativa se basa en el rendimiento anterior de las acciones y las tendencias del mercado. Por lo tanto, el inversionista espera obtener $ 110 al final de un año. Esto se conoce como la tasa de rendimiento esperada.

A lo largo del año, se ha realizado un seguimiento del rendimiento de las acciones. Al final del año, la acción produjo un retorno del 10%. Esto significa que las expectativas de los inversionistas estaban a la par con el rendimiento real de las acciones. Supongamos ahora que el mismo stock, al final de un año, produjo un retorno del 7%. Eso significa que no se cumplieron las expectativas de los inversionistas. Por el contrario, esa misma acción produjo un rendimiento del 11%, lo que significa que se superaron las expectativas de los inversionistas.

Este ejemplo subraya la importancia de gestionar tanto las expectativas como la realidad. Cuando los inversionistas tienen expectativas poco realistas, pueden optar por participar en prácticas de inversión más riesgosas. Esto es cierto para los fondos de cobertura que juegan en el mercado de derivados.

En el mercado de derivados, hay un amplio margen para obtener ganancias significativas que superen los rendimientos tradicionales del mercado. Para un inversionista particular, los rendimientos esperados pueden estar vinculados a la de mercado promedio. Por ejemplo, si un mercado dado ha producido, en promedio, un rendimiento del 5% anual durante la última década, entonces sería seguro asumir que un rendimiento del 5% sería probable.

Además, el riesgo juega un factor importante. Si un inversionista busca reducir el riesgo, puede aceptar una tasa de rendimiento más baja para una inversión determinada. Es importante destacar en este punto que la tasa de rendimiento no es más que el dinero que espera obtener de la inversión.

Para calcular el retorno de la inversión, se puede utilizar la siguiente fórmula:

ROI = (Ganancia de la inversión − Costo de inversión) / Costo de inversión

Como puede ver, esta fórmula contempla la ganancia de una inversión, es decir, el aumento en el precio de una inversión menos el costo de la inversión misma. Este resultado se divide por el costo de la inversión. El resultado se expresa en términos porcentuales. Por lo tanto, cuanto mayor sea el porcentaje, mayor será el rendimiento de la inversión.

Esta fórmula no tiene en cuenta ningún período de tiempo específico. Y si bien es una forma simple de calcular el retorno de la inversión, el período de tiempo que mide depende de los datos que se proporcionan a esa fórmula.

Veamos un ejemplo práctico:

Un inversionista elige invertir $ 100 en acciones de la compañía ABC. Después de un mes, este inversionista elige vender sus acciones de la compañía ABC. El precio de venta fue de $ 110. En la superficie, es fácil ver que el inversionista ha ganado $ 10.

Ahora, apliquemos la fórmula que vimos anteriormente.

ROI = (110-100) / 100 = 0.1 o 10%

Los resultados del cálculo de esta fórmula muestran cómo este inversionista ganó 10% en un período de un mes. Además, este cálculo podría hacerse durante un período de un año. Por lo tanto, este cálculo se puede realizar durante cualquier período de tiempo siempre que los datos reflejen esa cantidad de tiempo.

El cálculo del rendimiento de la inversión permite a los inversionistas determinar si su inversión es rentable y si dichas inversiones cumplen con los rendimientos esperados.

Los resultados producidos por el cálculo del retorno de la inversión permiten a los inversionistas determinar si vale la pena asignar su dinero a un vehículo de inversión determinado o si estarían mejor preparados invirtiendo su dinero en otro lugar.

Otra nota: no todas las inversiones tienen el mismo rendimiento. Algunas inversiones producen mayores rendimientos que otras. Por lo tanto, el retorno de la inversión refleja la actitud de aversión al riesgo que pueden tener los inversionistas. Además, es un reflejo de la estrategia de inversión de los inversionistas.

## Gestión de riesgos

La gestión de riesgos es un factor crucial que debe considerarse como parte de cualquier estrategia de inversión sólida.

A lo largo de este libro, hemos discutido la importancia de comprender el riesgo y tomar las precauciones necesarias para manejarlo de manera efectiva. Cuando los inversionistas tienen clara la importancia de la gestión de riesgos, pueden tomar medidas efectivas para asegurarse de que sus inversiones estén protegidas.

Además, las decisiones sobre la asignación de inversiones están profundamente arraigadas en el riesgo implícito de ese vehículo de inversión. Para los inversionistas que son más reacios al riesgo, buscarán invertir en instrumentos financieros que se consideren más seguros. Estos instrumentos incluyen en bonos del gobierno, certificados de depósito, bonos corporativos de alta calidad o fondos de inversión más conservadores.

Los inversionistas institucionales, como los fondos de cobertura, generalmente buscan mayores rendimientos de sus inversiones. Como tal, estos inversionistas institucionales son más propensos a asumir mayores niveles de riesgo. Conjuntamente, son los primeros en cobrar cuando vencen los pagos de esas inversiones.

Para el operador intradiario promedio, el riesgo es una parte fundamental para comprender qué acciones comprar. Los operadores intradiarios que tienen una estrategia de inversión conservadora a largo plazo pueden optar por comprar acciones de compañías de renombre que tienen un historial sólido. Estas compañías no solo pagarán un dividendo saludable sino que también reducirán la probabilidad de incumplimiento potencial o quiebra.

Es muy importante que los operadores intradiarios, o inversionistas promedio, comprendan la importancia de un enfoque más equilibrado. Como se señaló en la sección sobre diversificación, un enfoque equilibrado permite distribuir el riesgo entre diferentes clases de activos y vehículos de inversión. En consecuencia, la diversificación es el antídoto para que los inversionistas contrarresten los riesgos inherentes a cualquier inversión que elijan hacer.

Al mismo tiempo, hemos observado que un mayor riesgo implica un mayor rendimiento. Esta es la razón por la cual los inversionistas institucionales, como los fondos de cobertura o los grandes bancos de inversión, optarán por asumir un mayor riesgo para maximizar sus rendimientos potenciales. Un inversionista promedio debe ser cauteloso de participar en operaciones riesgosas, ya que un mal negocio podría representar pérdidas significativas para su cartera.

Asimismo, una cartera que está cargado de inversiones de alto riesgo puede conducir a una pérdida potencialmente catastrófica cuando una caída del mercado borre las ganancias potenciales. Esto incluso puede incurrir en pérdidas. En las películas de Hollywood, es común ver cómo los corredores de bolsa apuestan con el dinero de sus inversionistas en inversiones de alto riesgo y alta recompensa solo para perder todo su dinero en una rápida desaceleración del mercado. Si bien es cierto que tener éxito en una maniobra como esta, puede convertir a los ciudadanos comunes en millonarios de la noche a la mañana, el hecho es que el riesgo supera con creces cualquier ganancia potencial.

El riesgo puede cuantificarse mediante el uso de modelos estadísticos. Estos modelos requieren grandes cantidades de conjuntos de datos para alimentarlos y producir una predicción relativamente precisa de dónde radica el riesgo en una inversión en particular. El inversionista promedio, que negocia en una plataforma en línea, puede tener acceso a los modelos estadísticos que pueden proporcionar información sobre el riesgo potencial de una inversión.

De esta manera, algunas pautas generales a seguir sobre las inversiones son los siguientes

- centrarse en las tendencias históricas de ese tipo de inversiones
- busque asesoramiento profesional si no está seguro de si una inversión es potencialmente riesgosa
- evite invertir en instrumentos o activos financieros, de los cuales no sabe nada o muy poco

- cuidado con las modas pasajeras. Cuando vea que una gran cantidad de inversionistas acuden a un vehículo de inversión en particular, tal vez sea hora de mantenerse alejado de él.

En última instancia, la experiencia, el sentido común y la intuición le dirán si el riesgo que asume en una inversión dará sus frutos al final. Es importante tener en cuenta que nunca estará libre de riesgos. Siempre existe el riesgo en cualquier tipo de inversión disponible. Por lo tanto, si una inversión ofrece retornos más altos de lo normal, debe hacer su tarea y asegurarse de no estar preparándose para pérdidas significativas en el futuro.

# Capítulo 6: Comenzando desde cero: Cómo crecer como los profesionales

Todos los buenos inversionistas necesitan motivación.

A menudo, los inversionistas están motivados por la necesidad de ganarse la vida. Es cierto que Hollywood tiende a retratar a los inversionistas como individuos codiciosos cuyo único propósito de invertir es ganar la mayor cantidad de dinero posible. Bueno, eso puede ser cierto, el inversionista promedio, ya sea grande o pequeño, es impulsado por una necesidad humana fundamental de ganarse la vida.

Por supuesto, todos sueñan con hacerse ricos algún día, especialmente si esto se puede hacer sin recurrir a esfuerzos extremos. Además, algunas personas buscan enriquecerse rápidamente. La historia ha demostrado que hacerse rico rápidamente es tan difícil como nadar a través del Océano Atlántico. Es decir, no está completamente fuera de discusión, pero es extremadamente difícil.

En este capítulo, vamos a echar un vistazo a algunos de los inversionistas más famosos de la historia. Observaremos sus experiencias personales y cómo se hicieron ricos como inversionistas exitosos. De sus historias, destilaremos algunas de las lecciones más importantes sobre inversión.

Vale la pena señalar que cualquier inversionista que está empezando debería echar un vistazo a los inversionistas de éxito del pasado y aprender de sus historias de éxito personal. Teniendo en cuenta que cada individuo es diferente, el punto aquí no es copiar o imitar las acciones tomadas por otros.

Las decisiones tomadas en el pasado se basaron en las circunstancias de ese momento. El presente ahora tiene un conjunto diferente de circunstancias que pueden motivar decisiones diferentes. Sin embargo, hay principios generales y lecciones que son válidas a lo largo de cualquier período de la historia.

A través de estas lecciones aprendidas, los inversionistas nuevos o inexpertos pueden obtener una comprensión mucho más amplia de lo que se necesita para convertirse en un inversionista exitoso. Las personas que analizaremos en este capítulo esencialmente lo han enriquecido.

¿Eso significa que este debería ser el objetivo final de cada inversionista?

No necesariamente. En primer lugar, cada inversionista debe determinar incluso por qué está invirtiendo. Esto permitirá el desarrollo de una estrategia de inversión. Una vez que un inversionista ha encontrado su estrategia de inversión, se vuelve mucho más fácil tomar decisiones basadas en esa filosofía de inversión. Por lo tanto, los inversionistas destacados en este capítulo eran personas que comenzaron con prácticamente nada y se abrieron camino a través de las filas. Sus historias están destinadas a inspirar y motivar al inversionista promedio al comprender que todo es posible.

Sin embargo, una advertencia: es peligroso compararte a ti mismo, como inversionista con los inversionistas de grandes ligas como Warren Buffett. El peligro aquí radica en el hecho de que muchos de estos inversionistas profesionales han estado en este juego durante mucho tiempo. Han pasado por altibajos, han tenido muchas pérdidas y se han recuperado. Su característica principal ha sido el enfoque y el impulso para permanecer en el mercado y perfeccionar sus habilidades.

En consecuencia, se recomienda que evite compararse con otros inversionistas, ya que cada una de las circunstancias de los inversionistas individuales es diferente. Si bien aprender de los inversionistas exitosos es una forma significativa de desarrollar sus propias habilidades de inversión, tener una estrategia de inversión clara le permitirá visualizar el mapa de ruta en el que ha decidido viajar. Al vigilar esta hoja de ruta, evitará la tentación de involucrarse en comportamientos riesgosos que pueden poner en peligro su cartera de inversiones en general.

## Warren Buffet

El primer inversionista que vamos a ver es Warren Buffett.

Warren Buffett es posiblemente el inversionista más famoso y legendario de la historia. Su sociedad de inversiones (holding company), Berkshire Hathaway, gestiona miles y miles de millones de dólares en activos. Estos activos incluyen bonos de renta variable, corporaciones privadas e inversiones en efectivo.

Warren Buffett no nació rico. De hecho, era solo un niño promedio que crecía y tenía una buena cabeza para los negocios. Desde temprana edad, le gustaba construir negocios e invertir su dinero. Era conocido por ser un adolescente muy prudente. El dinero que ganaba con trabajos de verano y después - quehaceres de la escuela, se dejen de lado en una cuenta de ahorros. Creía que si ahorraba su dinero, no solo tendría suficiente para un día lluvioso, sino que podría invertir ese dinero en la construcción de su propio negocio.

Buffet recuerda haberse inspirado en un libro escrito por Benjamin Graham conocido como "El inversionista inteligente". Este libro no solo inspiró a Buffett a convertirse en un inversionista, sino que también le proporcionó las pautas generales para convertirse en un inversionista exitoso.

Benjamin Graham, por derecho propio, es considerado uno de los inversionistas más exitosos de la historia. Sin embargo, su tiempo fue completamente diferente al de Warren Buffett. Warren Buffett creció en Omaha, Nebraska, en la década de 1940. Benjamin Graham tuvo que convertirse en un exitoso inversionista en las décadas de 1920 y 1930. Sin embargo, los principios de inversión propuestos por Graham permitieron a Warren Buffett derivar su propio conjunto de principios y pautas que marcaron su estrategia de inversión a lo largo de su carrera.

Hoy, Warren Buffett está constantemente entre las cinco personas más ricas del mundo. Si miras más de cerca la biografía de Warren Buffett, notarás que apenas es una persona llamativa y extravagante. De hecho, siempre ha sido un niño aficionado a la prudencia y la frugalidad. Él no es el tipo de persona de negocios a quien verás viajando en autos lujosos y viviendo en opulentas mansiones.

Las estrategias de inversión de Warren Buffett siempre se han centrado en el crecimiento incremental. Esto implica que los inversionistas no deberían buscar una bala mágica. Las balas mágicas son solo eso: magia. Por lo tanto, no representan una verdadera estrategia de inversión sostenible. Muy por el contrario, Buffett propugna una estrategia de inversión que se centra en ganancias pequeñas e incrementales. Con el tiempo, estas ganancias incrementales más pequeñas se obligarán mutuamente a formar un crecimiento exponencial.

Warren Buffett también es conocido por su apreciación del interés compuesto. En resumen, el interés compuesto consiste en tomar una suma específica de dinero, depositarlo en una inversión y permitir que las ganancias de esas inversiones se acumulen con el tiempo. El interés compuesto resalta cómo pequeñas ganancias incrementales pueden conducir a un mayor crecimiento exponencial.

Básicamente, la capitalización funciona de la siguiente manera:

Consideremos una inversión segura, como un certificado de depósito. Si un inversionista elige depositar $ 100 en ese certificado, al vencimiento del certificado, el inversionista recibirá los $ 100 más los intereses pagados en ese certificado. En este punto, el inversionista puede optar por gastar el dinero que se produjo de la inversión. O bien, el inversionista puede optar por volver a depositar los $ 100 más los intereses obtenidos de esa inversión en un nuevo certificado de depósito. El nuevo certificado de depósito ahora calculará su rendimiento en función de los $ 100 más los intereses de esa inversión. Con el tiempo, la cantidad invertida crecerá y crecerá a través de incrementos más pequeños hasta que llegue a un punto donde crezca exponencialmente. Dado que la suma invertida ha crecido considerablemente en comparación con la inversión inicial, podemos decir que la inversión se ha multiplicado.

Como puede ver, esta no es la estrategia de inversión más emocionante. Pero es prácticamente garantizado que los inversionistas ganarán dinero. Sin embargo, esta es una estrategia de inversión a largo plazo y puede no ser atractiva para aquellos que buscan enriquecerse rápidamente.

Teniendo en cuenta que Warren Buffett es una de las personas más ricas del mundo, estaba en lo cierto con su estrategia de inversión. Es por eso que jugar a lo seguro a menudo vale más a largo plazo que tirar los dados para obtener una ganancia a corto plazo.

## Chris Gardner

Chris Gardner es otro de los inversionistas más famosos del mundo. Su ascenso a la fama provino de su autobiografía que se convirtió en una película de Hollywood protagonizada por Will Smith. El éxito de esta película titulada "En busca de la felicidad " catapultó a Chris Gardner a la historia de la inversión.

Si alguna vez hubo una historia de pobreza a la riqueza, es la de él. Si está interesado en aprender más sobre el viaje de Chris Gardner de los harapos a la riqueza, puede ver la película de Hollywood que narra su viaje.

Por ahora, nos centraremos en cómo se convirtió en un individuo rico.

Después de luchar contra la adversidad, obtuvo su licencia de corretaje. Luego se convirtió en un corredor de bolsa en una de las firmas de corretaje más grandes de Nueva York. Inicialmente, invirtió con el dinero de sus clientes. A medida que ganaba comisiones derivadas de sus exitosos negocios, tomó algunas de sus ganancias y las invirtió en su propio nombre. Su éxito con el dinero de sus clientes, y el suyo propio, lo llevó a obtener riqueza de manera similar a Warren Buffett.

El éxito de la estrategia de inversión de Chris Gardner se basó en reinvertir sus ganancias en inversiones. Entonces, pudo resistir la tentación de tener una vida de alto vuelo como resultado de su nueva riqueza como comerciante de acciones. De hecho, mantuvo un perfil bajo durante muchos años mientras acumulaba una cantidad significativa de riqueza.

Su trayectoria y reputación como comerciante exitoso le permitieron comenzar su propia firma de inversión de capitales. Gardner, junto con otros socios comerciales, creó una de las firmas de inversión más grandes y exitosas de Nueva York.

Gardner finalmente vendió su participación en esta firma de inversión y reinvirtió sus procedimientos en activos que ahora financian su estilo de vida. Ahora es un orador motivador que se centra en cómo triunfar sobre la adversidad y convertirse en un inversionista exitoso.

El núcleo de su estrategia de inversión se basa en vivir dentro de sus posibilidades. Es decir, no importa cuánto dinero ganes, es importante tener en cuenta que tener un estilo de vida alto no es propicio para generar riqueza a largo plazo. Este es un vínculo común entre Gardner y Buffett.

Por lo tanto, los inversionistas que buscan construir una riqueza considerable y libertad financiera deben comprender que mantener un estilo de vida equilibrado, junto con inversiones prudentes, les permitirá hacerse ricos y ayudarlos a lograr la seguridad y la libertad financieras.

Un vínculo común muy importante entre Chris Gardner y Warren Buffett es la aversión al riesgo. Estos dos inversionistas son conocidos por ir a lo seguro la mayor parte del tiempo. Si bien hay momentos en los que debes ser agresivo, es importante entender que jugar a lo seguro te llevará a la meta casi siempre.

Otra nota importante sobre Chris Gardner: su mayor motivador fue proporcionar a su familia una buena vida. Esto subraya la importancia de la familia y la provisión para las generaciones futuras sobre las actitudes de la mayoría de los inversionistas. Por lo tanto, es crucial que cualquier estrategia sostenible a largo plazo considere un enfoque equilibrado en el que se mitigue el riesgo tanto como sea posible.

## Ken Langone

Ken Langone es un inversionista tradicional de la vieja escuela. Es un empresario e inversionista multimillonario estadounidense cuyo ascenso a la fama está financiando a los fundadores de The Home Depot.

Al igual que Warren Buffett y Chris Gardner, los comienzos de Ken Langone son humildes, por decir lo menos. No heredó una gran fortuna de su familia adinerada. De hecho, él es una historia de éxito sobre cómo un individuo puede ascender en las filas del mundo de los negocios y lograr el éxito final.

Los primeros años de la carrera de Langone comenzaron en Wall Street como operador de bolsa y consultor financiero. Sus primeros esfuerzos se centraron en el desarrollo de nuevos negocios. Como tal, su compañía invirtió en nuevos y prometedores negocios. Estas inversiones comenzaron a crecer considerablemente a medida que las empresas tuvieron éxito.

En la década de 1970, Langone continuaría inventando lo que ahora se conoce como Capital de Riesgo (Venture Capital). El capital de riesgo, o VC, es un término que se utiliza para describir a los inversionistas individuales y las instituciones que financian nuevas empresas de nueva creación.

Como se describió en un capítulo anterior, los inversionistas que adquieren participaciones en empresas privadas durante su fase inicial de puesta en marcha pueden hacer una fortuna cuando una empresa privada se hace pública durante su salida a bolsa. Así es como despegó la legendaria carrera de inversión de Ken Langone. Entre los negocios exitosos que su empresa ayudó a financiar, The Home Depot se destaca como el más grande.

A diferencia de Warren Buffett y Chris Gardner, que se hicieron ricos en el mercado de valores, la carrera de Ken Langone como capitalista de riesgo destaca la importancia de tener una visión al elegir las mejores inversiones disponibles. Es necesario que los capitalistas de riesgo tengan la previsión, la experiencia y el conocimiento para determinar qué empresas de nueva creación podrían crecer y convertirse en empresas exitosas.

Sin embargo, hay un hilo común entre Buffett, Gardner , y Langone. Todos creen en tener un comportamiento de inversión prudente. Esto es muy importante para los inversionistas de capital de riesgo ya que invertir en las empresas de inicio plantea un riesgo considerablemente más alto que en bonos corporativos. No hay garantías de que una empresa emergente sea rentable y mucho menos crecer en una empresa que alcanza la fase de salida a bolsa.

Por lo tanto, se necesita ejercer mucho control para determinar en qué nuevas empresas invertir. Algunos negocios emergentes ven fabulosas en el papel, pero en realidad, carecen de los fundamentos que les permitirán convertirse en un negocio exitoso en la práctica. Otras veces, las nuevas empresas tienen buenos productos o ideas de negocios, pero sus fundadores pueden carecer de las habilidades de gestión y el conocimiento empresarial necesarios para transformar un producto potencialmente exitoso en un gran negocio.

Entonces, la moraleja de la historia es que los inversionistas deben mantener la cabeza fría cuando consideren posibles inversiones.

## Oprah Winfrey

Oprah Winfrey, mejor conocida como personalidad de la televisión, también es una inversionista multimillonaria. Es una de las mujeres más ricas del mundo y ha demostrado cómo las estrategias de inversión inteligentes pueden tomar a un individuo promedio y convertirlas en multimillonario.

Al igual que los inversionistas anteriores que hemos discutido en este capítulo, Oprah Winfrey no proviene de una familia rica. De hecho, se abrió camino a través de las filas de los estudios de televisión hasta el punto en que pudo obtener su propio programa de televisión durante el día.

La mayoría de las personas se habrían contentado perfectamente al convertirse en una famosa personalidad de televisión y vivir de los ingresos que conlleva ese estado. De hecho, Oprah Winfrey tenía una buena vida gracias a su talento y éxito en televisión.

Sin embargo, destaca una actitud importante que todos los inversionistas deben tener en cuenta: no estaba contenta con el éxito que había logrado. De hecho, ella buscaba aumentar sus inversiones, no por codicia, sino por el deseo de lograr un mayor éxito.

Al igual que los inversionistas anteriores discutidos en este capítulo, la codicia no es un factor motivador; más bien es el éxito. Todos los inversionistas exitosos son impulsados por lograr el éxito. La complacencia no está en su vocabulario. Y así, buscan construir sobre éxitos pasados.

Oprah Winfrey es un buen ejemplo de cómo las prudentes estrategias de inversión de Warren Buffett son altamente exitosas. Un ejemplo de ello es la inversión en una compañía llamada Weight Watchers. En octubre de 2015, invirtió $ 43 millones en la compra de acciones valoradas en $ 7 por acción. Eventualmente, Weight Watchers despegó, y el precio de sus acciones pasó de $ 7 a $ 101. Esto significó que la inversión inicial de Oprah de $ 43 millones se convirtió en $ 427 millones.

Este ejemplo subraya cómo comprender el valor oculto en una acción de bajo rendimiento puede conducir a ganancias sustanciales. Es por eso que los inversionistas siempre deben hacer su tarea e investigar nuevas oportunidades. Si buscas entrar en una acción, o en el mercado, cuando todo el mundo está tratando de entrar, entonces es muy probable que sea demasiado tarde.

Esta filosofía de comprar bajo, vender alto es uno de los principios básicos de todos los inversionistas exitosos. La parte difícil es poder identificar esas oportunidades de inversión. El factor más importante que puede ayudar a cualquier inversionista a alcanzar el éxito en una empresa como esta proviene de la experiencia y el aprendizaje. Aquí es donde cada inversionista exitoso debe tomarse el tiempo para hacer el esfuerzo necesario para dominar su oficio. Esto les permitirá llegar a un punto en el que puedan aprender a identificar con éxito las posibles oportunidades de inversión.

## Andrew Carnegie

El último inversionista que veremos en este capítulo es Andrew Carnegie.

Andrew Carnegie fue uno de los hombres más ricos de la historia. Su ascenso la fama se produjo durante la era industrial en los Estados Unidos. Al igual que los cuatro inversionistas anteriores que hemos discutido, él no provenía de una familia rica. De hecho, era hijo de inmigrantes escoceses que llegaron a América sin nada a su nombre.

Se abrió camino en el mundo de los negocios y finalmente se hizo un nombre en la industria del acero. La industria del acero fue una de las industrias que impulsó la expansión económica estadounidense hasta el punto de convertirse en una potencia mundial. Sus inversiones en el desarrollo de la industria del acero le permitieron acumular una fortuna considerable.

Y aunque es más famoso por ser un magnate de los negocios, también fue famoso por ser un inversionista inteligente en los primeros mercados de valores estadounidenses. Su filosofía de inversión no se basaba en la codicia o la ambición. De hecho, llegaría a ser conocido como uno de los mejores filántropos de la historia de Estados Unidos. Se estima que donó alrededor de $ 9.5 mil millones de su riqueza a organizaciones de caridad.

Andrew Carnegie es un sello distintivo de cómo invertir en un negocio puede hacerte rico. Como se discutió anteriormente, la mayoría de los inversionistas no buscan participar activamente en la administración de un negocio. La mayoría de los inversionistas buscan asumir un papel pasivo invirtiendo en negocios y, por lo tanto, generar ingresos a través de la inversión pasiva.

Pero al igual que Ken Langone, comprender qué empresas tienen el potencial de crecimiento es tanto un arte como una ciencia. Andrew Carnegie tuvo la previsión de comprender cuán importante sería la industria del acero durante la era industrial en Estados Unidos. Es seguro decir que si hubiera decidido pasar su tiempo y esfuerzos en una industria diferente, no se habría convertido en el magnate en el que eventualmente se convirtió.

Al comprender que la expansión industrial estadounidense requería acero, pudo capitalizar una oportunidad de mercado singular. Esto ejemplifica cómo cada período en la historia ofrece oportunidades para que las personas se vuelvan ricas al participar en industrias y negocios emergentes.

En retrospectiva, aquellos que ingresaron temprano en Internet y las empresas basadas en Internet fueron visionarios, ya que pudieron ver cómo Internet revolucionaría el mundo tal como lo conocemos. Lo mismo vale para Carnegie. Tuvo la previsión de comprender cómo el acero no solo permitiría el desarrollo de la industria misma, sino que también se convertiría en un elemento fundamental de la industria del automóvil.

La principal lección de Andrew Carnegie es que los individuos ricos no necesariamente se engendran en el mercado de valores. También pueden provenir del mundo de los negocios. Al comprender cómo las empresas pueden llegar a ser exitosas, puede encontrar oportunidades para ingresar mientras esas empresas aún están en sus fases iniciales. Si logra ingresar durante esta fase, realmente puede hacerse rico cuando el negocio tenga éxito.

# Capítulo 7: Gobernanza

Los mercados financieros, o el mundo de los negocios, son sistemas altamente complejos que necesitan gobernanza y regulación.

Ahora, entiendo que demasiada regulación no es algo bueno. Sin embargo, las reglas básicas son necesarias con el fin de asegurar que esté garantizado el buen funcionamiento.

Las normas que rigen los mercados financieros son establecidas por ley. Estas leyes se aplican a las instituciones que componen cada mercado y pueden variar de un país a otro.

En los Estados Unidos, existen leyes y regulaciones locales y federales que deben observarse al invertir. Si bien este libro no es una guía de derecho corporativo, analizaremos algunos de los fundamentos de la gobernanza.

Pero primero, es importante que usted, como inversionista, busque asesoramiento profesional y asesoría legal con respecto a sus derechos y obligaciones. Es de suma importancia que comprenda cómo se aplican las reglas a usted. De lo contrario, podría cometer un error que podría terminar costándole dinero o incluso tiempo en prisión.

Dicho esto, la gobernanza tiene un doble papel. Este doble papel se aplica tanto a los inversionistas como a los corredores. Como tal, hay conjuntos de reglas: un conjunto que se aplica a las instituciones financieras y un conjunto que se aplica a los inversionistas individuales.

En general, el propósito de un inversionista individual es ganar la mayor cantidad de dinero posible. Como tal, se pide a los inversionistas individuales que cumplan con los procedimientos descritos en la legislación aplicable de la misma manera que se exige a las instituciones financieras.

En el caso de las instituciones financieras, tienen un mayor número de requisitos que están obligados a cumplir, ya que sus actividades involucraron grandes cantidades de capital y regulan actividades potencialmente fraudulentas.

Si ha seguido los mercados bursátiles durante algún período de tiempo, puede ver cómo ha habido muchos casos de fraude o prácticas corruptas. Por lo tanto, se promulga legislación para abordar las prácticas ilegales.

Cuando se discute las regulaciones del mercado, hay un "antes" y un "después ".

El "antes" se refiere al tiempo anterior a la promulgación de la Ley Glass-Steagall de 1933. El Congreso de los Estados Unidos aprobó esta ley en ese momento para cerrar las lagunas y finiquitar la actividad irresponsable, ilegal e incluso fraudulenta que condujo a El colapso del mercado de 1929.

Una de las cuestiones centrales que Glass-Steagall abordó fue el uso de información privilegiada.

El uso de información privilegiada consiste en ejecutivos dentro de una empresa que cotiza en bolsa, que tienen conocimiento interno de la posición financiera de una empresa, explotan esa posición privilegiada para su propio beneficio.

Un buen ejemplo del uso de información privilegiada se conoce como "bombeo (pump) y descarga (dump)". Los esquemas de bombeo y descarga son aquellos en los que los ejecutivos de la compañía eluden la posición financiera de una compañía al no ser francos con respecto a la situación financiera de la compañía. En algunos casos extremos, los ejecutivos han ido tan lejos como falsificar libros contables y estados financieros para presentar una posición financiera saludable.

En consecuencia, los precios de las acciones de esa compañía suben. Los expertos compran las acciones de su propia empresa mientras está en aumento. Pero como son perfectamente conscientes de la posición financiera de la compañía, se desharán de las acciones antes de que la compañía explote.

Entonces, la parte de "bombeo" es donde los expertos manipulan artificialmente la posición financiera de una empresa, por lo que los precios de las acciones suben. Luego, la parte de "descarga" viene cuando los de adentro venden sus acciones. Los incautos compradores piensan que están haciendo un gran negocio sólo para descubrir que fueron engañados cuando la empresa colapsa. Cuando la compañía finalmente cae, los accionistas de esa compañía se quedan con certificados de acciones sin valor.

Un gran ejemplo de esto es Enron. Enron era una empresa de energía que se metió en petróleo, gas natural, y la electricidad. Los ejecutivos de esa sociedad condujeron un esquema de la bombeo y de descarga que se llenaron los bolsillos de dinero en efectivo y dejaron accionistas absolutamente en quiebra. La peor parte de este esquema fue que estos ejecutivos invirtieron el fondo de pensiones de sus empleados en sus acciones. Cuando Enron se derrumbó, el fondo de pensiones de los empleados se evaporó.

El caso de Enron destaca cómo los mercados son propensos a la manipulación y por qué se necesita una regulación para evitar dicha actividad.

Sin embargo, en 1929, la regulación era mucho más flexible. Luego, permitió a los inversionistas codiciosos manipular los precios, la emisión de acciones y, finalmente, arrojarlas a un público desprevenido. El resultado final fue el mayor caída de la historia.

La Ley Glass-Steagall también creó lo que ahora se conoce como la Comisión de Bolsa y Valores (SEC). La SEC es el organismo regulador que supervisa la regulación de los mercados financieros en los Estados Unidos. Países de todo el mundo tienen entidades similares, aunque su tamaño, función, y poder pueden variar de país a país.

La SEC ha desempeñado un papel central desde 1933 en la vigilancia de los mercados financieros.

Cuando Enron se derrumbó en 2001, la SEC investigó los supuestos cargos de fraude. Posteriormente, los altos ejecutivos de la compañía fueron arrestados y condenados por cargos de fraude.

En esencia, Glass-Steagall estaba destinado a proteger a todos los actores en los mercados financieros al prohibir una práctica muy importante que alimentó el colapso de 1929: la capacidad de los bancos de convertirse en bancos comerciales y de inversión.

Hagamos una parada rápida aquí.

Bajo Glass-Steagall, un banco no podía ofrecer productos de ahorro y préstamo a los clientes mientras incursionan simultáneamente en los mercados financieros.

Por lo tanto, si un banco tenía prácticas comerciales, es decir, ofrecía productos de ahorro y préstamo a los clientes, no podían dar la vuelta y ofrecerles vehículos de inversión que el propio banco administrara. Los mejor que los bancos comerciales podían hacer era ofrecer fondos mutuales que luego se colocarían bajo la administración de una institución de inversión.

Lo que logró esta separación de la inversión y la banca comercial fue la eliminación de un conflicto de intereses inherente. Este conflicto de intereses proviene de la capacidad de un banco para monopolizar los mercados. Si un banco creció demasiado, podría poner en peligro todo el sistema financiero si se hundiera.

Glass-Steagall fue derogado en 1999.

Esto significaba que los bancos podían participar tanto en actividades de inversión como comerciales. El resultado final de esto fue que los bancos más grandes comenzaron a comprar bancos locales más pequeños. Esto condujo a una concentración significativa de bancos mediante la cual los grandes bancos recogieron más y más dinero del público.

Y esto también condujo a la crisis financiera de 2008.

En esencia, la crisis financiera de 2008 no fue más que bancos que sumergieron sus pies en prácticas de inversión riesgosas. En aras de la brevedad, la derogación de Glass-Steagall permitió a los bancos tomar depósitos de los clientes y luego dar la vuelta y emitir hipotecas.

Dadas las condiciones económicas de la época, el dinero era abundante en el sistema bancario de los Estados Unidos. Sin embargo, los fondos de cobertura comenzaron a comprar lo que se llama "valores respaldados por hipotecas" (MBS). Los MBS proporcionaron un rendimiento sólido que estaba prácticamente garantizado que nunca fallaría, ya que estaba respaldado por las propiedades hipotecadas.

Aquí es donde entra la parte difícil.

Cuando los fondos de cobertura se dieron cuenta de que los bancos estaban haciendo dinero entregado a ellos primero en el mercado hipotecario, les pidieron a los bancos una parte. Aquí es donde los bancos agruparon un sinnúmero de hipotecas, consiguieron una agencia de calificación crediticia para certificarlas como buenas y se fueron a los fondos de cobertura.

Los fondos de cobertura ganaron mucho dinero ya que los préstamos eran de alta calidad y los deudores pagaron.

Aquí viene la bifurcación en el camino.

A lo largo de este libro, hemos hablado sobre cómo el inversionista promedio no está impulsado por la codicia, sino por el deseo de ganar la mayor cantidad de dinero posible para lograr la libertad financiera. Bueno, los fondos de cobertura no tienen esa motivación. Los fondos de cobertura son impulsados para ganar más y más dinero.

Entonces, los bancos comenzaron a relajar su selección de solicitantes de préstamos y entraron en las hipotecas de alto riesgo (sub-prime) ahora infames. Una hipoteca de alto riesgo no es más que una hipoteca otorgada a una persona con un puntaje de crédito bajo. Bajo estándares más estrictos, no habrían calificado. Pero en las condiciones más relajadas, pasaron fácilmente. Y, ahí cayeron las MBS de las que los fondos de cobertura se alimentaron.

Toda la casa de naipes se vino abajo cuando los prestatarios comenzaron a incumplir con los pagos de su casa. Las ejecuciones hipotecarias se acumularon, y el resto es historia.

A raíz de la crisis financiera de 2008, el Congreso de los Estados Unidos aprobó en 2010 la Ley de Reforma Reguladora Financiera de Dodd-Frank. Además, otros países endurecieron sus regulaciones bancarias para evitar otra crisis en otras partes del mundo. .

Hoy, las prácticas de préstamo se han vuelto mucho más estrictas. Pero la amenaza subyacente sigue siendo que los bancos se hacen cada vez más grandes y los inversionistas siguen teniendo sed de rentabilidad.

## Legislación de corredores de bolsa

La discusión anterior pone de relieve la importancia de contar con una legislación que es capaz de regular las prácticas bancarias y de inversión con éxito.

Como resultado de los ejemplos presentados, las regulaciones para los comerciantes son bastante estrictas. Aquí hay una lista rápida de algunos de los instrumentos legales actuales aplicables a los comerciantes de acciones:

- La Ley de Valores de 1933 (no debe confundirse con Glass-Steagall)
- Ley de la Bolsa de Valores de 1934.
- Ley de Fideicomiso de 1939.
- Ley de sociedades de inversión de 1940.
- Ley de asesores de inversiones de 1940.

- Ley de Protección del Inversionista de Valores de 1970 (SIPA).
- Ley Sarbanes-Oxley de 2002 (como respuesta al escándalo de Enron)
- Ley de reforma de Dodd-Frank Wall Street y protección del consumidor de 2010.

Vale la pena señalar que una serie de disposiciones contenidas en Dodd-Frank han sido derogadas desde su promulgación. La Ley sigue vigente, pero ha pasado de ser un documento de 2.500 páginas a más de 22.000 páginas. Por lo tanto, el estudio de esta Ley es un trabajo a tiempo completo.

Además, la agencia encargada de hacer cumplir esta legislación es la SEC. La SEC tiene el poder de cerrar cualquier institución financiera sospechosa de actividades ilegales y acusar a los inversionistas individuales de fraude. Los críticos de la SEC han señalado que le ha faltado la fortaleza para enviar a los grandes ejecutivos bancarios a la cárcel. Sin embargo, la SEC tiene un historial consistente de llevar al estafador ante la justicia.

Le animo a que haga su tarea y lea esta legislación. Le ayudará a comprender mejor las aguas por las que navegará. Sin embargo, los comerciantes diarios no son responsables de estas leyes, ya que se consideran inversionistas individuales. Sin embargo, sus actividades comerciales probablemente pasarán por una institución financiera debidamente supervisada. Por eso es importante tener una comprensión clara de su posición.

Legislación aplicable a los inversionistas.

Con respecto a los inversionistas individuales, la legislación aplicable es la misma que rige para los corredores y las instituciones financieras. Es por eso que es mejor familiarizarse con los términos de la legislación para evitar cometer errores y arriesgarse a sanciones severas.

En resumen, los inversionistas deben preocuparse por evitar cualquier cosa fraudulenta o ilegal. Más allá de eso, lo mejor que pueden hacer los inversionistas es asegurarse de mantener buenos registros en caso de que algo suceda. Además, siempre es bueno verificar con qué instituciones financieras está haciendo negocios, especialmente si no está familiarizado con ellas o si nunca ha oído hablar de ellas.

Le animo a que busque asesoramiento legal en caso de que no esté familiarizado con algo establecido en los contratos o la documentación legal.

Otra cosa: si alguna vez sospechas que alguien con quien está haciendo negocios puede estar participando en actividades riesgosas, busca asesoramiento legal. Si algún socio comercial se involucra en actividades fraudulentas o ilegales, y se puede demostrar que lo sabía, también podría estar enganchado.

## Consideraciones fiscales

En materia de impuestos, lo mejor es que busque asesoramiento profesional en este asunto. Los impuestos pueden ser complejos y a menudo requieren conocimientos especializados. A la larga, podría ser mejor consultar con un contador profesional o un contador público certificado para asegurarse de que cumple con las leyes fiscales locales y federales.

Igualmente, los corredores a tiempo completo están sujetos a un sistema impositivo diferente, ya que no son empleados ni autónomos. Es de vital importancia planificar también una estrategia fiscal sólida junto con su estrategia de inversión para evitar que el IRS (Oficina de Impuestos sobre la Renta) esté en conflicto. Los errores con los impuestos pueden ser costosos e incluso pueden causar problemas legales.

# Capítulo 8: Cómo ganar el juego del mercado de valores

En este capítulo, analizaremos algunas estrategias de inversión adicionales que pueden ayudarlo a adelantarse al juego del mercado de valores. Hasta ahora, hemos discutido una cantidad de elementos importantes asociados con la estrategia de inversión. Sin embargo, los inversionistas suelen pasar por alto las cuatro estrategias que discutiremos en este capítulo.

Estas cuatro estrategias están diseñadas para ayudarlo a obtener una comprensión más clara de cómo puede transformar las estrategias que hemos descrito anteriormente en enfoques de inversión global mucho más exitosos.

Como se indicó anteriormente, una estrategia de inversión se basa en las expectativas de los inversionistas. A los fines de este libro, estamos considerando una estrategia de inversión mucho más conservadora ya que no abogamos por prácticas de inversión riesgosas.

El objetivo de una estrategia de inversión conservadora es permitir a los inversionistas, en primer lugar, obtener suficientes ingresos para financiar su estilo de vida y pagar sus necesidades básicas. Una vez que se cubren las necesidades básicas, los inversionistas pueden pasar a cosas más grandes y mejores. Dicho esto, cosas más grandes y mejores pueden ser lograr una verdadera libertad financiera.

Una nota importante es que las estrategias descritas en este capítulo se centran más en maximizar el valor y el rendimiento con respecto a la cantidad invertida. Es decir, maximizar el retorno de la inversión en función del costo de cada inversión realizada.

Entonces, echemos un vistazo más de cerca a cada una de estas estrategias de inversión.

## Inversión de valor

La primera estrategia que discutiremos en este capítulo se llama inversión de valor.

La inversión de valor consiste en una estrategia de inversión que busca adquirir acciones que se negocian por menos de su valor en libros.

Dicho esto, es importante definir la diferencia entre el valor en libros y el valor de mercado.

Primero, el valor en libros de una acción es el que se informa en el balance de una empresa. Todas las empresas que cotizan en bolsa tienen un valor en libros, es decir, el valor real de las acciones en función del balance de una empresa. Este valor en libros se calcula por la suma de todos los activos físicos y no físicos de la compañía. Ejemplos de activos físicos pueden ser maquinaria, inventarios de bienes, equipos de oficina, etc. Los activos no físicos pueden incluir patentes, propiedad intelectual o cualquier otro activo no tangible incluido en su balance general.

Los pasivos de una empresa contrarrestan estos activos. En otras palabras, los pasivos no son más que las obligaciones o deudas de dos compañías a pagar.

El resultado final de esta consideración se llama capital de una empresa. Es decir activos (-) pasivos = patrimonio neto.

Consideremos un ejemplo:

Los activos totales de la Compañía ABC ascienden a $ 100. Además, Compañía ABC tiene pasivos por valor de $ 75. Por lo tanto, el capital de ABC es de $ 25.

Ahora, supongamos también que Compañía ABC tiene 10 acciones en circulación. Eso significa que debemos dividir el patrimonio de $ 25 de Compañía ABC por sus 10 acciones en circulación. El resultado se resuelve a un precio por acción de $

2.50. En consecuencia, el valor contable de la compañía ABC en sus acciones es de $ 2.50.

Asumiendo que Compañía ABC es una compañía exitosa, está produciendo resultados saludables y pagando a los inversionistas una buena ganancia; los inversionistas buscarán comprar acciones de Compañía ABC. Esto implica que las acciones de la Compañía ABC tienen demanda y, como se mencionó anteriormente, cuando la demanda excede la oferta, el precio subirá.

En este sentido, los inversionistas consideran que las acciones de Compañía ABC valen $ 5 cada una. Este es el valor de mercado de las acciones. Se llama "valor de mercado", ya que es lo que los inversionistas están dispuestos a pagar para adquirir estas acciones. En este ejemplo, las acciones de Compañía ABC valen el doble de su valor en libros. Eso es un valor de mercado de $ 5 en comparación con el valor en libros de $ 2.50.

Ahora, supongamos otro escenario:

Continuamos asumiendo que las acciones de la compañía ABC valen $ 2.50. Sin embargo, el valor de mercado de las acciones es de $ 2. Esto significa que las acciones de la compañía ABC se negocian en el mercado por menos de su valor en libros.

Esto puede deberse a muchas razones. Por ejemplo, Compañía ABC es relativamente nueva en el mercado y no ha llamado la atención de los inversionistas. Otra razón podría ser que la compañía ha tenido un rendimiento inferior últimamente, por lo que los inversionistas creen que no es una inversión que valga la pena. Esto ha llevado al valor de mercado de las acciones a caer por debajo de su valor en libros.

Aquí es donde entra en juego la inversión de valor.

Un inversionista inteligente puede darse cuenta de que el desempeño deficiente de Compañía ABC no se debió a su incapacidad para producir buenos resultados, sino que se debió a factores más allá de su control, por lo que los inversionistas castigaron injustamente a Compañía ABC al tirar las acciones.

Este es un ejemplo clásico de una propuesta de compra baja y alta.

Como inversionista, si puede detectar esa oportunidad, puede ponerse en condiciones de limpiar y obtener una ganancia significativa. Puede que tenga que aferrarse a las acciones por más tiempo del que quisiera y la esperanza de que la compañía surja - sin embargo, una palabra de precaución. Si las acciones caen más, es hora de que venda inmediatamente y reduzca sus pérdidas. Por otro lado, si las acciones aumentan repentinamente, es hora de que venda inmediatamente porque no puede estar seguro de que las acciones continuarán aumentando indefinidamente.

Las acciones de valor por ahí. Algunos de los cuales fueron conocidos como acciones de micro capitalización o de centavo. Las acciones de micro capitalización obtienen su nombre porque los precios de las acciones valen menos de un dólar cada uno. En un sentido más amplio, las acciones de centavo se refieren a la inversión de valor. Para encontrar gemas ocultas, tendrás que invertir tiempo e investigar para encontrar esas gemas ocultas. Sin embargo, las ganancias potenciales que pueden lograrse mediante la inversión de valor pueden compensar el tiempo y el esfuerzo necesarios para encontrarlas.

## Inversión de crecimiento

Otra estrategia útil para los inversionistas es la conocida como inversión de crecimiento. Este tipo de inversión consiste en comprar acciones de una empresa y aferrarse a ellas mientras el capital o patrimonio de esa empresa continúa creciendo. La inversión de crecimiento requiere una comprensión profunda de la estructura interna de una empresa y la propuesta de valor para sus clientes. A menudo, el crecimiento de la inversión viene de las empresas que son de bajo rendimiento o no han hecho su gran paso todavía.

La inversión de crecimiento no necesariamente tiene que suceder en el mercado de valores. Los inversionistas en crecimiento pueden tratar de invertir en empresas privadas de la misma manera que lo hacen los capitalistas de riesgo con las empresas emergentes.

Consideremos un ejemplo:

Compañía ABC está en su fase inicial. Los fundadores de esta compañía buscan adquirir financiamiento para expandir sus operaciones. Y así, se han acercado a bancos y capitalistas de riesgo. Esta primera ronda de financiamiento requiere una inversión de $ 1,000. Los fundadores de Compañía ABC han decidido que necesitan ese dinero para financiar la compra del equipo necesario para expandir sus operaciones.

Por lo tanto, los capitalistas de riesgo han decidido invertir en Compañía ABC ya que sienten que la propuesta de valor ofrecida por esta compañía finalmente dará sus frutos. A cambio de los $ 1,000 en financiamiento, los fundadores de Compañía ABC están dispuestos a entregar el 25% del control de su compañía. En este ejemplo, el 25% de la participación accionaria en Compañía ABC vale $ 1,000.

Dado que el potencial de crecimiento de la Compañía ABC parece bastante bueno, los inversionistas han decidido conservar las acciones a medida que la compañía crece. De hecho, Compañía ABC ha despegado. Las ventas han aumentado, y su reconocimiento del nombre ha crecido sólido en su mercado.

El valor contable de las acciones de la Compañía ABC resultó ser $ 4,000 cuando los capitalistas de riesgo las compraron. Esto se puede inferir considerando que el 25% es igual a $ 1,000 y que el 25% es ¼ del patrimonio total de la Compañía ABC. Entonces, $ 1000 multiplicado por 4 nos da un total de $ 4,000.

Como tal, el valor en libros de Compañía ABC de $ 4,000 al momento de la primera ronda de inversión ha crecido a $ 8,000. Este crecimiento es el resultado de prácticas comerciales sólidas y crecimiento orgánico como se ve en el aumento de la participación de mercado y las ganancias de la compañía. En este punto, los capitalistas de riesgo han decidido que es hora de vender su participación en Compañía ABC y han encontrado otro grupo de inversionistas que están dispuestos a pagar las acciones de acuerdo con su nuevo valor en libros.

Dado que el capital de Compañía ABC se ha duplicado, la participación de los capitalistas de riesgo en la compañía ahora vale $ 2,000. Acordaron vender y recaudar $ 2,000. Esto implica que los capitalistas de riesgo han obtenido una ganancia de $ 1,000

En este ejemplo, los inversionistas no hicieron una inversión especulativa en el mercado de valores suponiendo que el precio de las acciones subiría basado en las fuerzas del mercado. Este ejemplo destaca que hay mucho dinero para invertir en empresas privadas. Además, las empresas que cotizan en bolsa pueden ofrecer a los inversionistas individuales la oportunidad de comprar acciones directamente de ellos. Este tipo de transacción es un medio de evitar la necesidad de un corredor o una firma de corretaje.

Por lo tanto, vale la pena el esfuerzo de investigar un poco y descubrir si las empresas que cotizan en bolsa ofrecen planes de compra directa, o si hay empresas privadas que buscan financiación de los inversionistas.

## Inversión de ingresos

La tercera estrategia en este capítulo se llama inversión de ingresos o inversión por ingresos.

En este enfoque, los inversionistas buscan asignar inversiones de tal manera que las inversiones produzcan un ingreso constante a lo largo del tiempo. Los inversionistas de ingresos buscan esencialmente una fuente de ingresos que les ayude a financiar su estilo de vida.

A diferencia de la compra-venta de acciones tradicional que busca invertir las acciones para obtener ganancias y que no representan un flujo constante de ingresos, los inversionistas de ingresos están trabajando para hacer inversiones más seguras en activos que producirán ingresos con el tiempo.

Un ejemplo clásico de este tipo de inversión es el sector inmobiliario. Los inversionistas inmobiliarios compran propiedades que pueden alquilar y les proporcionan un flujo constante de ingresos al final de cada mes. No hace falta decir que el sector inmobiliario tiene su propio conjunto de riesgos y puede no ser tan rentable como invertir en acciones. Además, el sector inmobiliario requiere una cantidad considerable de inversión inicial en términos de tiempo y dinero.

Los inversionistas que buscan un flujo constante de ingresos y que no desean dedicar una cantidad considerable de tiempo y dinero a investigar e involucrarse en la administración de sus activos pueden elegir entre una amplia gama de instrumentos financieros para satisfacer sus necesidades. Hemos discutido varios de estos instrumentos. Sin embargo, los revisaremos una vez más para identificar una estrategia financiera sólida.

Los activos que generan ingresos más seguros son los bonos. De la cantidad tipo de bonos disponibles se destaca por los de gobierno, o soberanos, que ofrecen el menor riesgo y también los rendimientos más bajos. A menos que un país esté en mayor riesgo de incumplimiento, puede estar seguro de que un país asumirá su obligación de deuda y hará efectivo el pago de bonos más intereses. Con el fin de mantener su flujo constante de ingresos, los inversionistas pueden optar por renovar sus bonos y recoger el interés que se paga por ellos en un punto dado en el tiempo.

Otro tipo de inversión que genera ingresos de manera regular es un certificado de depósito. Los certificados de depósito producen un rendimiento en forma de interés y pueden pagarse de acuerdo con los términos de la inversión. Estos términos pueden ser mensuales o anuales. Además, un inversionista puede optar por asignar fondos invertibles en un certificado de depósito respaldado por hipoteca. A diferencia de los valores respaldados por hipotecas, los certificados de depósito respaldados por hipotecas son aquellos en los que los bancos recaudan fondos del público para financiar hipotecas para sus clientes.

Además, los inversionistas pueden optar por comprar acciones en empresas públicas o privadas. El plan aquí es no negociar las acciones cuando los precios suben o bajan. La lógica del inversionista, en este caso, se basaría en los dividendos producidos por la empresa. Este dividendo, o rendimiento, para cada cuota, proporcionarán un tipo de ingreso que los inversionistas pueden recoger anualmente, o en cualquier otro punto en el tiempo.

Otro tipo de estrategia de inversión de ingresos es una anualidad. Como se indicó anteriormente, las anualidades son un tipo de inversión que funciona de manera parecida a un seguro tradicional. Las anualidades pagan un pago fijo mensual o anual al vencimiento de la anualidad. Esta es una gran estrategia de inversión para las personas que buscan financiar su jubilación. El único cuidado que se debe tener en cuenta al considerar una anualidad es que las anualidades solo se pagan por el tiempo especificado en el contrato. Por lo tanto, si una anualidad realizará pagos mensuales durante 20 años, existe la posibilidad de que el inversionista sobreviva a su anualidad. En consecuencia, un inversionista puede optar por retrasar el cobro de la anualidad el mayor tiempo posible.

## Inversión pasiva

El tipo final de estrategia de inversión discutido en este capítulo corresponde a la inversión pasiva.

La inversión pasiva significa que los inversionistas asignarán sus fondos invertibles a vehículos de inversión que generarán ingresos, generarán dividendos, pagarán intereses o cualquier otro tipo de beneficio en el que el inversionista no tenga ningún tipo de participación.

El ejemplo clásico de una inversión pasiva son las regalías. Las regalías son pagos fijos que se realizan durante períodos de tiempo específicos y se derivan de la titularidad de los derechos de propiedad intelectual o patentes. Por ejemplo, los autores de libros cobran regalías por las ventas de sus libros mucho después de que su libro fue escrito y publicado originalmente. Del mismo modo, los músicos y los artistas cobran regalías por sus obras artísticas durante muchos años después de que estas obras se hayan publicado.

El inversionista promedio puede optar por implementar una estrategia de ingresos pasivos. Al igual que la inversión entrante, el objetivo principal de la inversión pasiva es proporcionar a los inversionistas un flujo constante de ingresos. La diferencia entre el ingreso y la inversión pasiva es que la inversión pasiva no involucra al inversionista de ninguna otra manera que no sea la inversión inicial en sí.

Un gran ejemplo de inversión pasiva es comprar en una empresa privada. Esto se conoce comúnmente como ser un compañero silencioso. Los socios silenciosos proporcionarán fondos para un negocio, pero no participarán activamente en la gestión del negocio de ninguna manera. Los socios silenciosos a menudo tienen asientos en las juntas, pero solo en un papel representativo. Pueden tener voz, pero no voto o pueden tener voz y voto, pero solo se requiere que estén presentes en reuniones específicas de la junta.

Otro tipo de inversión pasiva a través de la propiedad comercial es a través de la compra de franquicias. Las franquicias son estructuras comerciales que ya se han establecido de tal manera que los inversionistas no necesitan desarrollar el negocio en sí de ninguna manera. Las franquicias ofrecen una estructura comercial que ya ha demostrado ser exitosa. En consecuencia, un inversionista pagará las tarifas y regalías correspondientes por el uso del modelo de negocio. A cambio, el propietario de la franquicia recaudará las ganancias derivadas de la operación de ese negocio.

Otra excelente forma de participar en la inversión pasiva es mediante la compra de ETF. Como se describió anteriormente, los ETF son fondos que agrupan el dinero de los inversionistas y apuestan por un activo o valor subyacente. Como tal, los inversionistas solo necesitan pagar el ETF y cobrar sus ganancias en el punto especificado en el contrato. Por ejemplo, los ETF petroleros tienen el petróleo como su activo subyacente. Los gerentes de ETF comerciarán con petróleo, mientras que el inversionista no está obligado a hacer nada. Las ganancias de la ETF dependen del precio del petróleo ya que esta es la mercancía en que la ETF se basa.

Hay numerosos ETF disponibles. Por lo tanto, los inversionistas harían bien en investigar los diferentes tipos de ETF disponibles y elegir el que mejor se adapte a sus expectativas y enfoque de inversión. A los fines de la inversión pasiva, los ETF ofrecen una gran oportunidad para comprar un fondo que no requiere mucho trabajo más allá de las revisiones periódicas del rendimiento de esos fondos.

# Capítulo 9: Estrategias comerciales avanzadas

Felicitaciones por llegar tan lejos en el libro. Debo admitir que ha sido un viaje increíble. Espero que hayas disfrutado leyendo este libro tanto como yo he disfrutado escribiéndolo. Se ha invertido mucho tiempo e investigación en la producción de las páginas que acaba de leer.

Pero espera!

Todavía nos queda un capítulo más.

En este capítulo, nos ocuparemos en los tres enfoques de tipos de inversión más riesgosos en los que se puede participar un inversionista promedio. Esta es la razón por las hemos dejado para el final.

A lo largo de este libro, hemos alentado una estrategia de inversión conservadora. La razón de esto es que las prácticas riesgosas requieren que los inversionistas tengan más habilidades y experiencia. El riesgo es un factor que a menudo se pasa por alto debido a la ambición de los inversionistas.

Sin embargo, discutiremos propuestas más riesgosas para que pueda tener una idea de cómo puede sumergir los dedos de los pies en una faceta más emocionante de la inversión en acciones.

Una advertencia antes de continuar: cada vez que se involucra en una estrategia de inversión de mayor riesgo, es importante que haga su tarea y cubra su espalda. Dicho esto, si algo sale mal y usted recibe un golpe considerable en sus inversiones, puede terminar perdiendo una cantidad considerable de dinero, si no todo.

Con eso en mente, sigamos adelante y analicemos las siguientes tres estrategias que pueden ayudarlo a obtener ganancias considerables en un corto período de tiempo.

## Venta corta

Una jerga de inversión, a menudo escuchará los términos "largo" y "corto".

En esencia, una posición larga es cuando posee el activo subyacente que se está negociando.

Por ejemplo, estoy vendiendo un auto. Soy el propietario registrado del vehículo, y todos los derechos para hacerlo. Como he decidido venderlo, los compradores interesados tendrán la seguridad de que estoy vendiendo algo que es legalmente mío. En consecuencia, los ingresos de esta venta pueden generarme una ganancia o una pérdida.

Por otro lado, la venta en corto consiste en vender un activo que no le pertenece.

Puede preguntarse: ¿cómo es posible vender un activo que no es de su propiedad?

Bueno, la respuesta es bastante simple.

Considere vender un automóvil como ejemplo. Puedo vender un automóvil que no me pertenece si un cliente viene a mí y me pide que venda su automóvil por ellos. Como soy dueño de una gran cantidad de autos usados, tengo la infraestructura necesaria para anunciar el auto y proporcionar a los compradores interesados el asesoramiento que necesitan para comprarlo.

Ahora, considerando que no soy el propietario legal del automóvil, los ingresos de la venta del automóvil no me pertenecen. Pertenecen al legítimo propietario del automóvil. La forma en que ganaría dinero en este tipo de acuerdo es cobrando una comisión. El dueño del auto y yo hemos acordado el precio de venta. Del precio de venta total, un cierto porcentaje de eso iría al propietario. La porción restante me pertenece como mi comisión.

Al igual que vender un automóvil para otra persona, las ventas en corto o las posiciones cortas, son posiciones que los inversionistas toman para vender acciones que pertenecen a otra persona. Esta propuesta se vuelve más riesgosa que la inversión tradicional, ya que implica que las acciones y valores se venderán a un precio determinado en el mercado.

La venta en corto también implica un contrato vinculante que responsabiliza a ambos extremos por el resultado de las transacciones realizadas. Los accionistas que deseen vender, pero no vender las acciones ellos mismos, optarán por un corredor. El corredor, en este caso, irá al mercado y encontrará compradores para estos valores en particular. El contrato vinculante entre ambas partes responsabiliza al corredor de pagar una cierta cantidad de dinero a los accionistas. En este ejemplo, el corredor gana dinero con las comisiones derivadas de una venta rentable de acciones.

Sin embargo, las ventas en corto se vuelven aún más riesgosas cuando un inversionista decide apostar a que una acción caerá de precio. Cuando las acciones caen de precio, el inversionista gana dinero cuando dan un cambio y venden las acciones a un precio más alto.

El problema con las ventas en corto es que los inversionistas pueden perder cantidades considerables de dinero si las acciones aumentan de valor después de que el inversionista haya colocado una posición corta. En este punto, un inversionista debe comprar inmediatamente las acciones y cubrir su posición. De lo contrario, si la acción continúa aumentando de valor, la pérdida será mayor.

Es importante tener en cuenta que los inversionistas que acortan acciones están esencialmente apostando a que el precio de una acción baje. Dado que estos inversionistas no poseen realmente las acciones, deben comprarlas en algún momento para entregar las acciones que se vendieron al comprador.

Este tipo de negociación requiere que los inversionistas tengan compradores y vendedores de las acciones en corto en espera para que puedan realizar una transacción inmediata basada en los resultados de los precios de las acciones.

Consideremos este ejemplo:

El valor de mercado actual de Compañía ABC es de $ 10 por acción. Un inversionista considera que el precio de la acción caerá. Esto motiva al inversionista a ponerse en una posición corta. En este punto, el inversionista aún no ha comprado nada. Sin embargo, están pendientes de las fluctuaciones en el precio de esa acción.

Este inversionista no ha comprado ninguna de las acciones de Compañía ABC, pero las vende a otro inversionista a $ 10 por acción. La magia de las ventas en corto ocurre, el precio de las acciones de la Compañía ABC cae drásticamente. Supongamos que se bloquea a $ 5 por acción. El inversionista ha recaudado $ 10 de otro comprador pero está obligado a entregar esas acciones al comprador. Cuando el precio de la acción falla, el inversionista irá y comprará las acciones reales a $ 5 cada una. Posteriormente, el inversionista debe entregarlos al comprador original que pagó $ 10 por acción. En este ejemplo, el inversionista hizo una fortuna porque el comprador que adquirió las acciones terminó perdiendo cuando el precio de la acción cayó al piso. El inversionista hizo una matanza desde que fue capaz de comprar las acciones a un precio inferior antes de ser obligado a entregarlos al comprador.

La estrategia puede contraatacar rápidamente cuando los precios de las acciones suben después de que un inversionista ha decidido colocarse en una posición corta. Considerando el ejemplo anterior, el precio de las acciones de Compañía ABC aumentó de $ 10 por acción a $ 11. El comprador ha pagado $ 10 por acción. El inversionista ahora se verá obligado a comprar las acciones que deben entregarse al comprador a $ 11 cada una. Eso representa una pérdida de $ 1 por acción.

No hace falta decir que esta estrategia es muy arriesgada ya que los mercados a menudo son impredecibles y las condiciones pueden cambiar en cualquier momento. Además, esta estrategia es ideal para el uso de información privilegiada y puede conducir a cargos penales.

Por lo tanto, si elige participar en ventas en corto, proceda con precaución.

## Comprar con margen

La siguiente estrategia discutida en este capítulo se llama "comprar con margen".

Comprar con margen esencialmente significa que un inversionista pide dinero prestado para invertir en un valor o un activo.

Un ejemplo de esto podría ser obtener un préstamo bancario para invertir en el mercado de valores. Esto generalmente lo hacen personas que no tienen fondos para invertir pero desean hacerlo con la esperanza de poder ganar mucho dinero sin invertir realmente nada.

Así es como funciona:

Un inversionista pide prestada una suma de dinero. Asumamos $ 1,000. Luego, el inversionista procede a invertir los $ 1,000 en acciones de un número determinado de compañías. La mayor limitación que enfrenta un inversionista es el momento en que el préstamo debe pagarse. Supongamos que este préstamo de $ 1,000 debe pagarse a fin de mes. Esto le da al inversionista 30 días para que crezca la inversión de $ 1,000.

Si todo va bien, el inversionista recaudará más de $ 1,000 al final del mes. El inversionista luego paga el préstamo inicial de $ 1,000 y se queda con el resto.

Un inversionista con margen puede hacer una fortuna si su inversión inicial crece exponencialmente. Para efectos de este ejemplo, supongamos que esa inversión de $ 1,000 ha crecido a $ 100,000. Mágicamente, el inversionista ha obtenido una ganancia de $ 99,000 en un período de un mes. Todo lo que el inversionista debe hacer es devolver los $ 1,000 y quedarse con el resto.

Ahora, supongamos el peor de los casos.

El inversionista pide prestados el mismo $ 1,000 y los invierte en una serie de acciones. El mercado se ha derrumbado y esa inversión de $ 1,000 se ha evaporado. Ahora el inversionista está atrapado con una deuda de $ 1,000 y es posible que no pueda pagarla. En resumen, esto es como apostar en un casino, excepto que se juega con el dinero de otra persona.

Invertir con margen es lo que aniquiló a una gran cantidad de inversionistas durante el colapso del mercado de 1929. Dado que el mercado de valores se encontraba en una gran burbuja, los inversionistas tomaron préstamos para sus hogares o cualquier otro activo que pudieran usar como garantía para invertir en el mercado de valores. Algunos hicieron fortunas, y los que permanecieron en el mercado demasiado tiempo fueron eliminados por la caída. No hace falta decir que muchos inversionistas lo perdieron todo y terminaron viviendo en la calle. Esto condujo a suicidios masivos de inversionistas que lo habían perdido todo.

Por lo tanto, invertir en margen no es para los débiles de corazón. Requiere una gran experiencia y habilidad en los mercados financieros. Dado que es prácticamente imposible controlar los mercados, es muy poco probable que invertir en el margen pueda venir sin riesgo. Considerar este tipo de inversión es esencialmente apostar con el dinero de otro, se deben tomar grandes medidas de precaución. En el caso de que un inversionista pierda una inversión, todavía estará enganchado con el pago del préstamo.

Esta es la razón por el mercado de derivados supone un riesgo tan importante para la salud general del sistema financiero del mundo. Muchas de las transacciones realizadas en los mercados de derivados se realizan con margen. A menudo, estos acuerdos se cierran con un apretón de manos. Y si bien puede haber contratos legales que obligan a todas las partes a cumplir con sus obligaciones, todavía están apostando por una acción que aumentará o disminuirá, que una empresa irá a la quiebra o incluso apostará por una OPI.

Como tal, la inversión con margen no es recomendable para todo el mundo, y se debe tener mucho cuidado con el fin de estar lo más seguro posible de que las inversiones realizadas con margen tendrán al menos lo suficiente rendimiento para cubrir el ajuste de márgenes.

## Gestión de la cartera

La estrategia final discutida en este capítulo se refiere a la gestión de la cartera.

Esta actividad es donde un individuo administra inversiones y activos en nombre de otros inversionistas. Este tipo de actividad es generalmente el sustento de corredores de bolsa y comerciantes.

Sin embargo, los inversionistas individuales, mediante el uso de una plataforma de negociación en línea, pueden optar por unir el dinero de otras personas e invertirlo. Por lo general, este tipo de inversión se realiza con fondos de amigos cercanos y familiares.

No hace falta decir que esta es una actividad arriesgada, ya que realizar inversiones incorrectas puede conducir a pérdidas significativas, lo que deja a un administrador de cartera en graves problemas. Además, es técnicamente ilegal participar en este tipo de actividad que incluso puede llevar a cargos penales.

En consecuencia, cada vez que un individuo se dedica a administrar el dinero de otras personas, abre la puerta a un desastre potencial.

Los fondos de cobertura suelen invertir de esta manera. Y como se indicó anteriormente, los fondos de cobertura tienden a participar en prácticas de inversión riesgosas. Además, los fondos de cobertura son clubes de personas adineradas que juntan sus recursos para ganar dinero basándose en la experiencia de un administrador de dinero. Si el gerente comete un error, es seguro decir que los inversionistas no estarán contentos.

La apuesta más segura es solicitar una licencia de corretaje. Requiere una inversión de tiempo y esfuerzo. Sin embargo, obtener una licencia no solo puede abrir puertas de empleo, sino que también puede brindarle la ventaja que necesita para convertirse en un exitoso operador intradiario.

## Conclusión

Bueno, llegamos al final del camino. Gracias por tomarse el tiempo de leer este libro.

El siguiente paso es poner todo en práctica. Le recomiendo que busque una plataforma de inversión en línea que ofrezca una cuenta de capacitación gratuita. Con esta cuenta de entrenamiento, puede familiarizarse. Puede sentirse libre de soltarse. Después de todo, no perderá nada si hace un par de malas ofertas. De hecho, tendrá todo para ganar ya que la experiencia que ganará no tiene precio.

También lo aliento a profundizar y progresar en su aprendizaje sobre los temas discutidos en este libro. Vale la pena el tiempo y el esfuerzo para convertirse en un verdadero maestro de los mercados e instrumentos financieros que hemos discutido.

Una última palabra de precaución: siempre busque asesoramiento profesional cuando no esté seguro de algo. La incertidumbre genera errores y los errores pueden llegar a ser costosos. Por lo tanto, vale la pena gastar un par de dólares y buscar el asesoramiento de personas calificadas que puedan orientarlo en la dirección correcta.

Espero que haya encontrado este libro útil e informativo. Es el resultado de años de conocimiento y experiencia que se han condensado en este único volumen. También espero que puedas convertirte en un multiplicador de este conocimiento. Comparta esta información con sus amigos y familiares, o con cualquier persona que crea que pueda estar interesada en convertirse en inversionista.

Como siempre, no olvide dejar una reseña. Al hacerlo, estará ayudando a otras personas que puedan estar interesadas en comprar este libro. Su honesta opinión será muy apreciada y útil.

Gracias una vez más y felices operaciones!

**Finalmente, si encuentra este libro útil de alguna manera, ¡siempre apreciamos una crítica honesta!**

www.ingramcontent.com/pod-product-compliance
Lightning Source LLC
Chambersburg PA
CBHW050243220526
45465CB00002B/525